好風水招大財

蔡上機開運納財風水DIY

自序——風水蘊藏的精深智慧

時常有朋友打趣問我：「把研究風水當頭路？難道不怕有一天會失業？」理由是科技日新月異，電腦精算的人工智慧，運作能力直逼人腦，基因改造的生化研究帶動複製的話題開始發燒，「風水」這種舊思維難道不會有被淘汰的一天嗎？

但是說也奇怪，打開電視，幾十個頻道轉來轉去，談論天文星座、風水論命的節目卻是從來也沒有缺席過。而且在我的經驗中，這幾年接觸研習風水學的人愈來愈多，甚至很多都是博士級的知識份子。不少大專院校也開闢相關課程，把風水命理當做一門學問來鑽研。登門來我的命理工作室諮詢求教，尋求幫助的朋友從達官顯要到市井小民都有，難道他們都是食古不化，擁抱舊傳統嗎？

其實不然，拜資訊科技發達普遍所賜，愈來愈多的科學證據顯示，所謂的「風水」，不管從堪輿學、五行學還是命理學來看，都獲得相當的佐證，證明這些幾千年來前人先賢留下來的精深智慧，並非迷信，裡面蘊藏著大學問，實在值得後人大力推廣學習。

想要學習如何判斷風水的吉凶好壞，離不開三大法：「方位、形勢、時運」。「方位」就是陽宅本身的坐位和方向（八卦二十四山），影響人體電波磁場，產生吉凶的反應；「形勢」就是陽宅的空間、面積、格局結構、形狀勢態、環境、氣流、壓力、陽光燈光溫度、裝潢、擺設、視覺、感覺等，影響人的生活空間與適應上的吉凶反應；「時運」就是天星（北斗七星）隨時間的運轉變遷，對地球風水產生能量磁場的放射影響，左右人體電波磁場，產生吉凶的反應。

其中以「方位、時運」來看陽宅風水，需要搭配居住當事人的出生年、陽宅方位、流年時間，才能推算出風水對人的吉凶影響，然後再由此來佈局或破局。雖然不困難，但是細節繁雜，稍有疏忽遺漏，不但無法轉好運勢，還可能招致凶煞，不如交給命理專家來審慎堪輿，或是多加精修鑽研命理專書，自然能夠累積判斷的經驗。

至於用「形勢」的方法來看陽宅風水，就單純簡單多了，不需要測羅盤、或是拿居住當事者的出生年與陽宅方位、流年時間仔細對應，只要帶著你的眼睛一瞧，風水的吉凶馬上見分曉。

爲了讓更多關心生活風水的朋友，可以進一步了解風水佈置，同時自己DIY改善運勢，我將在書中分享運用「形勢」看陽宅風水的箇中學問，透過簡單淺顯的說明和實用的破解法，任何人都能懂風水、看風水、用風水。了解「形勢」才能善用方法，幫自己的公司和住宅佈局、破局，打造一個好風好水、好生活的好環境。

第一章

改變風水，改良生活

談風說水

什麼是「風水」？「風」就是空氣、氣流、溫度、溼度、大氣壓力，簡單而言就是氣候，也就是天文。「水」就是海洋、江河、溪川、山川河土的勢態走向，水順著山川河土高低起伏曲折的勢態而流動，簡單而言就是地形，也就是地理。所以風水就是天文地理，也就是古人所說的堪（天文）輿（地理）學。

從現代人的觀點來看，「風水」等於是「環境」。因爲天文地理也就是天星和地球、太陽、月球所放射的能量、磁場、引力間的互動運轉。加上地球的地心引力、軸心、地殼山川河土，產生氣候、季節，春夏秋冬四季、十二月份、二十四節氣，初一、十五朔望，白天黑夜等宇宙中的大自然生態。生態也就是地球萬物生存的條件，也就是我們的生活環境。

所以簡單的說，「風水」就是人和外在環境的關係。包括人與建築物的融合、人與環境的互動、人與土地的感情、人與地球、行星引力能量磁場的溝通、人與宇宙自然界的對話。

聽起來風水簡直無所不在！這樣的解釋可能會讓很多人一頭霧水，記得一回和學生聊天時，在座的人也議論紛紛討論起「何謂風水？」突然有位同學提出一個非常另類的答案，她認爲如果按照前面解釋的話，那麼建築師、動物學家、生態學家、氣象專家、天文學家……通通都可以稱得上是「風水師」囉！此話一出，引起大家哄堂大笑，還有同學附議應該把詩人、藝術家也加進來！因爲他們筆下的靈感泉源，正是來自於對大地萬物的溝通共鳴。雖然這只是X世代無厘頭式的玩笑話，但仔細深思卻也有幾分道理。

的確，「風水」是科學、是哲學，也是藝術，更是養育生命存在的基本因素，因爲她的另一個名字，叫做「生活」。

既然風水就是生活的條件，如果不懂風水的人，就容易受制於生活的條件；懂得風水的人，也就懂得生活的藝術，知道如何取得生活的品質；至於擅用風水的人，就能掌握生活的哲學，知道如何運轉生活的機能，獲得更大的能量。

人離不開建築物、環境、土地，以及地球與天星的能量磁場、宇宙自然界的力量，我們無時無刻不被這些能量磁場左右。同樣的，我們生活在其中，也不斷釋出能量磁場，企圖改變外在環境，這些就是幾千年來「風水」所探討的領域。古人常說：「好風好水就地靈人傑」，我認爲對於現代人來說，這句話代表的意義是：「好風好水就會有好心情、好精神、好生活、好命運」。

怎麼樣才能擁有好風水？這個問題我被詢問的次數已經無法計數，但是每次的答案卻是因人而異。不要以爲豪門華屋就是好風水，好的環境不一定要富麗堂皇。

感應形勢的心靈門窗

走進一個房子，我們常會情不自禁的說：「感覺好棒喔！」或是「感覺怪怪的，但是又說不出來那裡不對勁？」

沒錯！我們的「視覺、聽覺、嗅覺、觸覺、感覺」早已經搶先一步接收所有來自環境的訊息，然後傳達給腦細胞。眼睛欣賞到滿室蓬勃的綠色植物，讓人覺得充滿元氣；刺耳的煞車聲、打牌聲，給人不舒服的感覺；聞到花香和臭水溝的穢氣，心裡的感覺當然大不相同；凹凸不平的牆面和平滑溫暖的木質地板，那一個給人安定的情緒？這些來自環境的刺激，我們並不一定能清楚理解原因和結果，但是我們的「心靈」都會知道，腦神經、腦細胞都會有感應，也會無形的反射、轉移在我們的健康、情緒、性格上。

風水好與壞，就取決於「視覺、聽覺、嗅覺、觸覺、感覺」讓人覺得舒服不舒服。心靈感受到無形的愉悅，就會刺激我們的腦神經和腦細胞，漸漸的活化我們的身體機能、思維智慧、靈性悟力、行爲動力，邁向好運。相反的，心靈不舒服，就會刺激我們的腦神經和腦細胞，慢慢的毀壞我們的身體機能、思維智慧、靈性悟力、行爲動力，走入歹運。

改變風水的佈置方法

如何改變風水讓生活品質獲得改善？對於經濟寬裕的人來說，或許是花大錢換房子、改裝潢。但是就算如此，房子的風水格局還是會隨著周圍環境產生變化，難不成一年到頭得搬家或是忍受整修房子的勞苦嗎？答案當然是否定的。

錢既然不是解決風水生活的最大利器，所以每天爲了生活奔波，經濟能力有限、甚至得被錢追著跑的平凡人，也不要對自己的人生失望。不管有錢沒錢，想要開運納財，都可以自己動手DIY。

升起你的風水好運，讓你擁有更好的生活，準備好了嗎？我們要一起來佈置風水囉！首先我們要先認識改變風水佈置的基本方法，可以分成增強能量和破解禁忌兩大方向來說明。

運用「生、助、聚、納、整」增強能量

生法：利用風水的相生或生生不息之道，讓風水活躍起來。

例如：大門內的空間稱爲內明堂，主財路，即是財運的意思。所以在內明堂的位置擺設一個會循環的流水盆，又稱爲風水盆，就可以加強財運，讓錢財如流水般滔滔不絕、生生不息的長流不斷。

助法：利用風水的相助或強化之道，讓風水顯躍起來。

例如：內明堂不夠寬廣，財運不旺盛，可以在內明堂的位置裝設或加置燈光。光能可以幫助伸張內明堂的氣勢，達到興旺財運的功效。

聚法：利用風水的聚氣之道，讓風水之氣匯聚起來。

例如：風水講究藏風聚氣，就是讓氣流匯聚迴流在一處，停留的時間長一點，就能形成和緩溫順的氣場。內明堂空蕩蕩的話，空氣很容易流散，不妨裝設一個玄關。讓進出大門的空氣對流時，碰到玄關可以在角落匯聚迴流，達到風水所謂的藏風聚氣，醞釀出更好的財運。

納法：利用吸納風水的氣場之道，讓風水之氣納聚進來。

例如：在內明堂的位置裝設一個水晶洞，又稱爲風水石。水晶洞最好是窟窿大，洞口高向內深下，讓進出大門的空氣對流，可以流入水晶洞，氣流被收納在洞中迴流，可以招納四方的財運。

整法：利用整理風水的氣場之道，讓風水之氣舒暢起來。

例如：內明堂難免會有鞋子、鞋櫃，使得穢氣充斥整個內明堂，造成財運之氣無法進門來。所以經常保持整潔，將鞋子洗刷乾淨，鞋櫃整理好，放置芳香劑、水晶、植栽或是臭氧機，都可以淨化磁場，讓財運能更舒暢無阻。

明亮舒服整潔、空氣順暢的空間就是好風水

運用「遮、擋、化、鬥、避」破解禁忌

遮法：利用風水的遮掩之道，讓風水不受限制。

例如：內明堂上有橫樑橫跨，讓你的財運承受大樓的建築壓力。這時候如果內明堂的高度不會過低，可以裝潢天花板，將橫樑遮包在裡面，財運就不會受到強大的壓力。

擋法：利用風水的擋禦之道，讓風水不受沖煞。

例如：內明堂正對著廁所門，廁所的穢氣和內明堂的氣流拉扯，容易破阻財運。除了隨手關廁所門，還可以加裝一條九分長的布門簾，擋住空氣的對流，破解此厄運。

化法：利用風水的轉化之道，讓風水不受相剋。

例如：內明堂正對著廁所門，可以在廁所門外的天花板上，裝置一盞吸頂式的照地燈，利用光能讓這裡流動的氣流轉化。或是保持廁所的乾燥、清潔、通風，放置芳香劑、水晶、植栽或臭氧機，化解廁所中的穢氣。

鬥法：利用風水的對鬥之道，讓風水不受煞氣。

例如：內明堂上有橫樑橫跨，但是內明堂的高度過低，不適合裝潢天花板。也可以在橫樑下的牆壁裝設一個朝天壁燈，或是在地面立一個朝天立燈，打向橫梁，將樑的重壓力用光能反撐回去，財運就不會受到強大的壓力。

避法：利用風水的迴避之道，讓風水不被困死。

例如：內明堂空間狹隘，又放鞋櫃，又置玄關，阻礙內明堂氣流的順暢，變得很急促，財運也顯得慌亂無章。最好趕快把鞋櫃或是玄關移開，讓財運的氣場能夠順暢的流動，財源才會滾滾而動。

這些改變風水的佈置法，學問雖大，但是實行起來都不難。後面的各章節當中，我將會針對居家辦公環境中的種種細節，詳細說明各種風水的佈置和破解方法，提供大家簡單DIY的開運納財小撇步。

窗簾的遮擋、植栽與芳香薰香可改善風水

第二章

佈置財路廣進的內明堂

可以藏風聚氣的內明堂

進入本宅的第一道門（即本宅大門）內的空間，稱爲內明堂。因爲鑽研風水，所以平日特別注重進入宅內的第一印象，不管是訪友還是洽公，踏入大門內的內明堂，仔細觀察格局擺設，立刻就能對這戶人家的運勢論斷一二，箇中學問不是靠通天本領，而是感應來自於內明堂的「氣」，這是我們每天進出、對內對外的通路，地位等同於我們人身上對外發聲，對內進食的嘴巴一樣重要。內明堂是大門空氣的對流處，代表宅中所有人的事業前途，也象徵對外的一切財路，又稱爲財運。

內明堂的空間格局要寬廣明亮

內明堂的空間格局要寬廣明亮

櫻桃小嘴能夠容納的食物有限，同樣的道理，空間狹小的內明堂也無法廣納財氣，空間寬敞才能夠讓空氣對流順暢，讓財運通暢無阻。所謂的豪門，先不論屋內的裝潢多麼氣派奢華，光是大門玄關的空間可能就比升斗小民的臥室、客廳還大上一倍。這麼說來，買不起大房子的人，是不是就賺不了錢呢？那倒也未必，透過燈光照明拓展空間感、增設玄關讓財氣盤旋逗留的時間延長，以及藉由玄關、布簾等防止財氣被對門沖散，達到趨吉避凶的效果，都是可以自己動手改善風水的簡易撇步。

招財撇步一：
佈置財運順暢的寬廣內明堂

內明堂的空間如果夠寬廣，可以考慮裝設納財聚財的玄關。讓空氣從大門對流進來，碰到玄關之後，能夠自然緩和的將氣流導入室內，在入門玄關處迴旋，在風水上叫做「藏風聚氣」，形成風水學上最好、易發的氣場，讓財運源源不斷的納進。

或是擺設一個流水盆，又稱「風水盆」，可以提升枯竭財運，要注意裡面的水必須是活水，如果只是提一桶水擺在那裡是沒有用的，「風水盆」設有抽水馬達讓水不停的流

內明堂擺設流水盆，可以提升枯竭財運

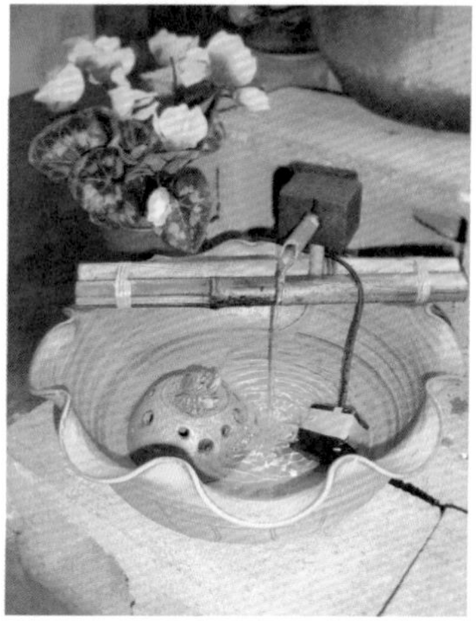

動循環。擺設時還要留意水流方向，必須往宅內走，才能納財。最好是往個人的臥房或是象徵財庫的廚房走，催促財路順利的源源流入，有利於掌握獲取財利而留守，如果往外流，則會造成反效果，到手的錢財留不住。

不過，要提醒大家的是，如果內明堂的空間原本就狹隘，裝設玄關或擺放風水盆反而造成負面影響，容易適得其反，侷促的空間會讓空氣流動變得急促，錢財容易因爲慌亂、急躁而損失或阻斷。還不如把堆積物清除移開，讓空間開闊，氣流舒暢，才能收納豐盛的財運。

另外，內明堂運用玄關的禁忌，還包括玄關本身如果有內門，會阻斷內明堂的氣流進入住宅內部，讓內明堂的空氣死氣沉沉，看得到利益卻得不到錢財。最好是把玄關內門拿掉、打開，或是將內門開一扇中窗，讓內明堂的氣流能舒暢流動。內明堂玄關與大門的距離太近產生壓迫感，也會使內明堂的空氣對流擠迫，讓宅中人受到排擠而損失錢財或是被阻斷財路。最好是移開玄關或是將玄關改成中空通風、通氣的造型，讓內明堂的氣流能舒暢流動。

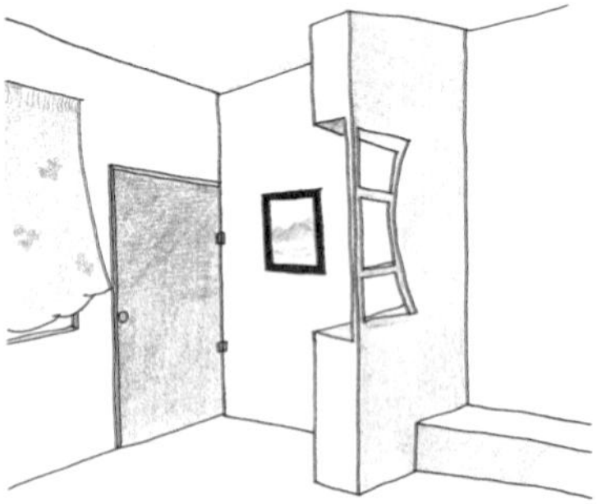

內明堂的空間如果夠寬廣，可以考慮裝設納財聚財的玄關

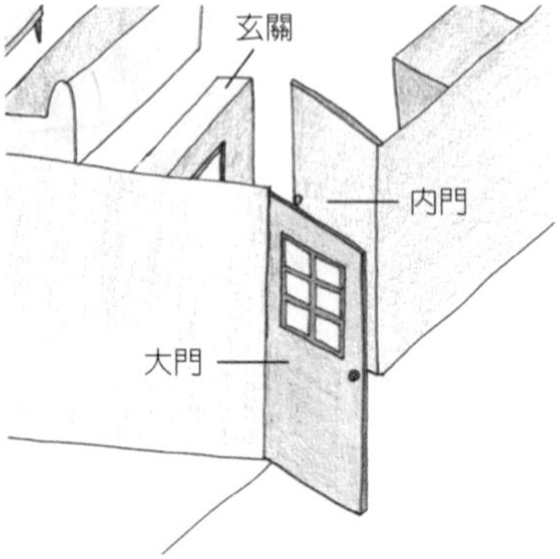

玄關內門會阻斷內明堂的氣流進入住宅內部，讓內明堂的空氣死氣沉沉

【開運納財ＤＩＹ】注入生命力讓財運滾動

許多人家門內玄關都設置魚缸，因爲除了氣流可以聚納財氣，俗話說的好，錢財如流水，活水養魚，增加生氣，讓財運如流水長流，生生不息。

最好是選擇同一魚種、同一顏色，而且顏色以屬土的金黃色爲佳，魚的數目個位數最好是屬金的4或9，比方說是4條、9條或是14條、19條魚等，依此類推，因爲土生金又生水，產生的能量更有助益。但是萬一不小心魚有死亡時，千萬要記得趕快補齊，避免頓時失去招財的能量，反而會有所損失。

【風水如何自救？】

Ｑ１：我住在大廈，請問一進大門的Lobby算不算是內明堂呢？

Ａ：所謂的「內明堂」是進入本宅的第一道門（即本宅大門）內的空間，住家大廈的大門、公寓樓層一樓的共用門、或是一樓庭院的外門等，都不屬於本宅大門，所以大廈的Lobby不算是內明堂！

Ｑ２：我們家內明堂很寬敞，但是屬於現代建築的樓中樓，內明堂內設樓梯會不會對風水有不良影響？

Ａ：內明堂對室內樓梯，上下樓時會帶動空氣對流與大門內明堂的氣流，影響財運讓自己的競爭對手掠奪或阻斷財路。破解法是在樓梯口做一個轉檯玄關，擋住內明堂與樓梯之間的空氣對流。

招財撇步二：

佈置財運普照的明亮內明堂

燈光照明可以讓空間感覺變大，同時光感也是一種能量，所以先天條件不良，住宅內明堂的空間狹小時，可以透過燈光照明後天補足。最好內明堂的地面和天花板都採用具反光性的素材佈置，因爲內明堂太黯淡，財路會暗中受阻，採光不佳或是晚間可用燈光補強，光能可以照亮、伸張內明堂的氣勢，使財運光明無阻。

光能除了可以改善空間狹小的內明堂，也可以破解許多禁忌，像是室內樓梯會帶動空氣對流與大門內明堂的氣流，將內明堂的氣拉到樓上去，或是讓樓上而下的氣沖散內明堂的氣場，導致自己的競爭對手掠奪或阻斷財路。破解方法就是在樓梯口天花板裝置一盞照地燈，用光拉開彼此的距離，疏緩氣流。

如果裝設燈光有困難的話，也可以用鏡子替代。上下鑲嵌不鏽鋼素材裝飾，加上磨砂處理，擺在內明堂的狹巷道側壁，高度差不多居於腰帶間，可以拉開狹隘巷道的距離和緩和強烈反光，同樣能達到增加亮度的效果。

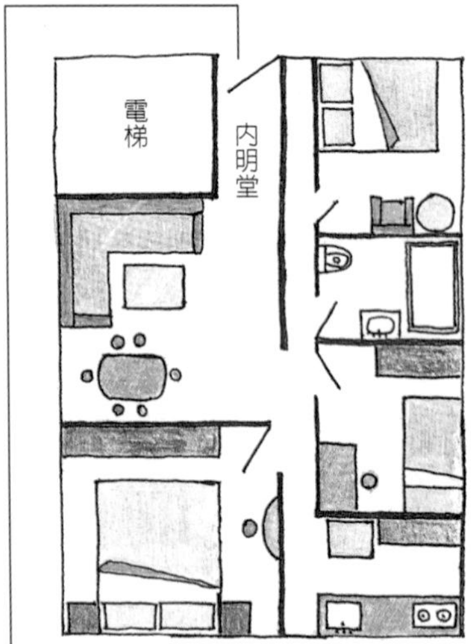

內明堂空間狹小，財路會暗中受阻

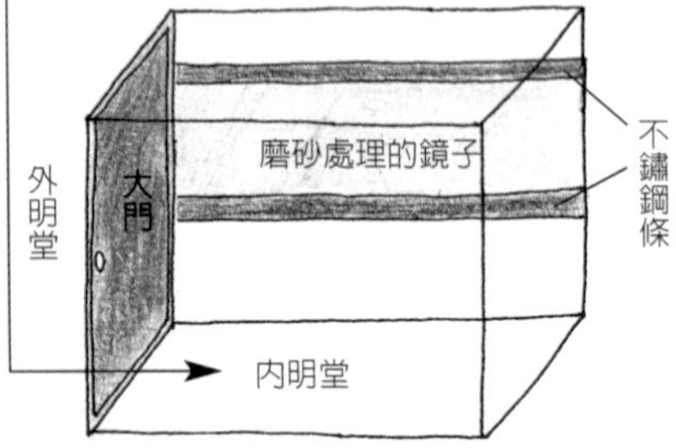

若不便裝設燈光，可運用鏡子增加內明堂亮度

【風水如何自救？】

Q1：家裡內明堂出現橫樑下壓，錢財方面會不會有困阻？可是擔心裝潢天花板遮掩之後，頭頂空間會變得很低，不知怎麼解決？

A：橫樑下壓容易導致錢財背負相當大的壓力，或是有大柱立佇也會有侵害的氣場，使得賺錢過程容易遭受破壞、掠奪，錢運受損阻斷；另外，天花板過低，讓氣流無法舒張，有壓迫感，錢財發展空間受限，不能順利進財，賺錢會有一定的限度。

破解方法可以在樑下設置朝天立燈或壁燈，用燈朝射橫樑，反阻樑下壓的壓力。柱上設置洗柱燈，將整個柱面打亮，反阻大柱侵害的壓力，借由光源拉開立柱與內明堂的距離。萬一天花板太低的話，忌用吸頂、吊頂燈，避免讓燈具本身助長加重天花板的壓力。可以在牆面裝置朝天壁燈，讓光能反撐下壓的天花板，拉開距離。

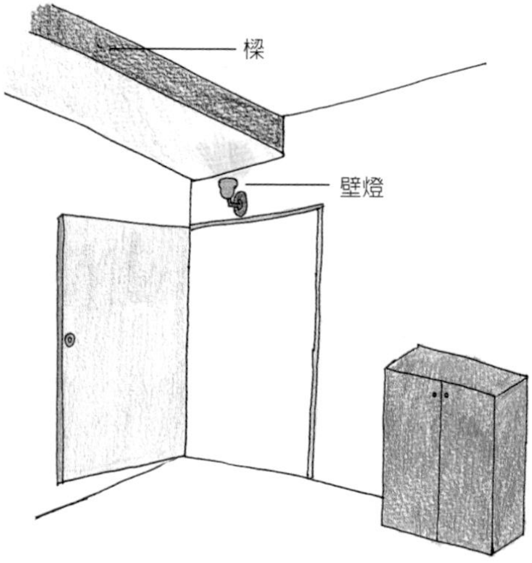

在樑下設置朝天立燈或壁燈，用燈照射橫樑，反阻樑下壓的壓力

招財撇步三：

減少暗害財運的內明堂

空間格局的大小、擺設屬於外在可見的部份，但是風水磁場包括嗅覺、觸覺，對於環境空間的細節同樣需要注意講究，如果一個人家裡內明堂非常寬敞明亮，但是堆置一大堆雜物、鞋子、臭襪滿地滿櫃、異味薰天，財運仍然無法暢通，就像嬌艷如花的美女嘴巴有口臭，光有吸引力卻讓人不敢接近，內明堂臭氣四溢，連財神爺都會捏著鼻子，過門不入喔！

穢氣太重的內明堂不但會破壞財運，也能看出主人的個性，連生活的基本整潔都沒辦法打理好，如何談理財、成就大事業呢？趕快把內明堂打掃清理乾淨，堆積廢棄物的倉庫移走，經常洗刷鞋子收納在鞋櫃裡吧！

穢氣太重的內明堂會破壞財運

內明堂要光潔明亮

【開運納財ＤＩＹ】如何吸取內明堂的穢氣

在鞋櫃裡加個芳香劑、水晶碎石、臭氧殺菌除臭等，可以吸取穢氣。或是鞋櫃上擺植栽，用植物的生命能量吸收穢氣，但是不宜擺設針刺類的植物，才不會反招破財之氣。

最好選用可以振興財運的開運竹，翠綠長青，節節高升的竹葉青，又稱萬年青、開運竹，屬於水耕植物，外觀筆直、天地相通，莖幹也是一根通到底吸收水份。兩點之間直線的距離最近，這個道理人人都懂，象徵財路暢通，與錢財的關係親近，擺設在內明堂有活氣的水中，加上竹葉青生命的能量，雙重效益可以振興財運。

挑選竹葉青的原則是筆直健壯、綠意盎然，萬一枝葉枯黃時記得要整理拔除，避免影響財運。也可以把竹葉拔除，露出一節一節的梗，高低分三層或五層，象徵節節高升的氣勢，數目以個位數量爲屬水的1或6或者屬木的3或8最佳，可水生木。

鞋櫃上擺植栽，用植物的生命能量吸收穢氣

招財撇步四：

迴避破壞財運的對沖窗門

不管相不相信風水之說，一般人在選購房屋時，都會盡量避免對沖的建築，其實不只是整體房舍對外要審愼避免對沖，就連內明堂，也要顧慮到室內門窗對沖的問題。因爲，窗戶是室外空氣對流和光線穿透的地方，容易把內明堂的氣拉到窗外，或是從窗戶引入氣造成對沖，將內明堂的財氣沖散。

同樣的，室內房間的門，開開關關也會影響內明堂的氣流，正對廁所的門打開，會流出穢氣，廁所內排泄物的穢氣，與大門內明堂的氣流互相對流，財運容易因爲不名譽、丟臉、羞恥、受陷害等事連累損害，讓口袋的錢財損失重大，或是沖散財運，影響即將賺取的錢財。

正對廚房的門打開，會因爲抽油煙機的運作吸走大量空氣，廚房是財庫和健康所在地，所以當瓦斯爐火燃燒，加上抽油煙機排風時，會從大門內明堂吸走大量的氣流，財運方面會十分辛苦，雖然努力掙錢、存錢，但是卻變成一個守財奴，健康還可能受威脅，好不容易存的錢都花在醫院。

正對的房門打開，個人運氣影響全家的財運，房間代表個人的運氣，房

正對的房門打開，個人運氣影響全家的財運

加裝可隔光、不透風的窗簾，改善窗戶對內明堂的影響

門是房間與宅內空氣對流的通口，與大門內明堂的氣流互相影響時，宅中眾人的財，容易受到該房間居住的人損耗或阻礙。

這些門窗引起的氣流，就像外界「人、事、物」形成一隻隻掏錢的手，不斷吸取你辛苦獲得的錢財，於是，氣流進出之間，也造成財進財出，左手進財、右手散財，老是和錢在賽跑。破解方法除了隨手關門、關閉窗戶，擋住對沖房間與內明堂的空氣對流，還可以設置玄關，或是加裝可隔光、不透風的窗簾，改善內明堂與門窗之間的空氣對流，減輕影響。

★破解法：

在內明堂設置玄關，擋住內明堂與門窗之間的空氣對流。或是在門上加裝一條九分長的布門簾，擋住內明堂與門之間的空氣對流。

另外，廁所內養植栽或放置水晶碎石也是不錯的方法，可以吸收廁所的穢氣，並且經常打開廁所氣窗、抽風機保持乾淨、乾燥、通風，防止穢氣滋生；廚房瓦斯爐在燃燒或是抽油煙機在排風時，盡量把後門、廚房窗戶微微打開讓空氣能被吸進來，才不會影響到大門內明堂的氣流。

打開廁所氣窗保持乾淨、乾燥、通風，防止穢氣滋生

【風水如何自救？】

Q1：我們家的格局是扁平形，前後窄左右寬，所以內明堂直接對到後門，會不會影響財路呢？

A：後門是指通往後陽台的門，做爲方便、逃生的用途，代表救援的意思，如果和大門內明堂的氣流互相影響，財運容易因消災解禍而破財，或是因爲災禍阻斷財路，就連宵小闖空門也會選擇從後門進入。

破解方法不妨在內明堂做一個玄關，或是加裝一條九分長的布門簾，擋住內明堂與後門之間的空氣對流。甚至乾脆在後陽台的外牆設置窗戶封閉起來，只要在距離較遠的窗戶稍微開啓，保持空氣對流，就不會搶走大門內明堂的氣流了。

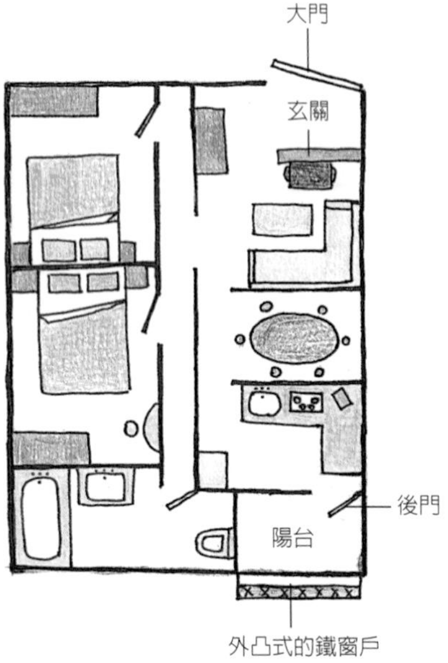

【蔡老師的叮嚀】

如何讓氣流和緩盤旋，防止流散，是佈置內明堂的最高指導原則，不管是設置玄關、照明增加助力，或是以玄關、布簾減少流散等方法，目的都是要「藏風聚氣」，才能延綿不斷的納財。

招財撇步五：佈置促進財運的能量和磁場

風水本身就是一種能量磁場，環境的能量來自於自然的風、土、天候變化，呼應人體自身的能量，也就是電波，產生激盪，發出訊號影響到腦神經和腦細胞。這種刺激影響可能是正面，也可能是負面，會讓人的思考和行為動力發生變化。所以在內明堂擺設具有能量的物體，像是水晶、銅鈴等，可幫助我們更有創意、動力，其中有能量的天然水晶製品最佳，其次才是導電聲波佳的銅製品。

首先是可以壯大財運的水晶，水晶本身具有放射能量可以影響人的磁場，依據水晶的效用不同，可以產生激盪的財運也不同，各行各業的人都能找到適合自己屬性特質的水晶，提升對於財運的敏銳度和行動力，雖然不同功效的水晶彼此的能量和磁場不會互相衝突，聚在一起反而能增強效用，但是考量預算和空間大小，實在不需要全部買回家陳列，反而顯現不出水晶的質感和神秘氣息。

除了原礦之外，最經濟實惠的方法就是在內明堂擺一缸天然水晶碎石，或是做成圓球體、晶柱體、吉祥雕飾等擺設，小的圓球體、晶柱體也可以做成七星陣，如果架設燈光投射水晶的話，效果會更好。

八臂巖居觀音—天然綠幽靈水晶雕件（蔡上機開運水晶典藏館提供）

表格一：水晶vs.財運vs.行業

水晶種類	能量財運	適合行業
 黃水晶	業務、業績、股匯市、投資等偏財運	業務員、保險員、股票族
 綠幽靈水晶	工作、事業等正財運	公務員、領薪上班族企業領導人
 粉紅水晶	桃花人緣等財運	演藝人員、政治人物
 紫水晶	人際公關、創作等財運	藝術家、作家、公關
 紅水晶	決斷、魄力、執行力所衍生的財運	老闆、主管、政府官員
 茶黑水晶	潛能開發、靈性、領悟力所衍生的財運	創意研發部門、宗教人士

 白水晶	心靈平靜、精神專注、擴大潛在力所衍生的財運	通用於一般人
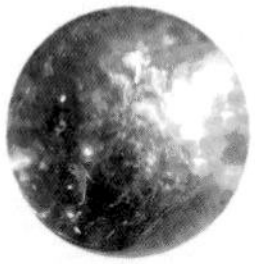 鈦晶	水晶之王，擁有最大的能量，可以發達財運	通用於一般人
 水晶洞	窟窿形狀，水晶能量加上藏風聚氣，是招財的上選法寶	通用於一般人

再來是催促財運的銅製風鈴，內明堂掛置銅製風鈴，銅的導電性強，本身就有溝通媒介的特質，可以引領財氣納聚，再加上發出的聲波悠揚深遠，當大門開啓，引入的空氣對流吹動風鈴發出聲波，可以活絡召喚財運，彷彿對著財神爺說：「進來！進來！」記得喔！如果不發出聲音，銅鈴召喚財運的功能就無法發揮。但是最好不要擺在風太大的地方，整天叮叮噹噹，也會影響情緒，造成聽覺的負擔。

【開運納財DIY】如何增加風鈴的能量

將風鈴的外殼用油性紅色油漆或筆，寫上一個「祿」字，然後用打火機或熱溫吹風機燒烤文字，讓字的氣能經由高溫滲透到銅鈴裡面，達到磁場轉移，這樣一來，活絡或召喚財運的效果會更佳喔！

最後，是關於啓動心靈精神的轉化力量，這部份的功效其實是見仁見智，有人心誠感應，激盪出事業工作的燦爛火花，也有人對於這些裝飾性的身外之物是絕緣體，根本無從體會。因爲這些吉祥物純粹是心理作用，心情愉悅、充滿信心，對於開創財富，自然能產生無形的助力。

銅製風鈴

不同於數字至上的西方科學，中國人看待財富的觀念更具深度和廣度，財富不只是銀行存款多寡、或是名車豪宅所代表的數字，而是整體和諧的價值觀，包括健康、幸福、圓滿、貴人相助、以及對於祖先庇祐的感恩。所以中國傳統文化有很多財富的象徵，像是龍、龍龜、麒麟、彌勒、元寶、三腳蟾蜍、五帝錢等，都被運用來招財致富。

其中智慧生財的山水畫，是內明堂最常見的擺設裝飾品，因爲山水畫有山、有流水、有湖，氣勢蓬勃，是一種生命力的表彰，氣勢反射出納財、蘊財靈氣，特別是手工眞跡，因爲蘊藏著畫者專注如一的精神和念力，掛在內明堂經常欣賞，可以幫助激盪智慧，開創財富。

要注意喔！有山有水才能創造源源不絕的錢財，所以招財一定要山水畫才能發揮效用，其它像是人物畫、靜物畫都不

純天然紫水晶元寶（鎭財）

行，最好是純手工的油畫、水彩畫、國畫，其次才是實景照相的輸出品，再其次是手工實品的複製印刷品，功效最輕的是電腦合成的印刷品，因爲裡面缺乏創作者的精神能量。

手工繪製山水畫

還有讓人意識生財的吉祥物，所謂的吉祥物是吉利、祥和、喜氣的象徵，擺放在內明堂醒目的地方，看到吉祥物就會有好心情，對於財運的開創也會更樂觀有信心，雖然這些吉祥物本身不具有生命力和能量，但是透過視覺、感覺，可以傳動心靈精神的轉化力量，提升創造錢財的意志力，激發努力打拼的鬥志。

黃水晶三腳蟾蜍（招財）

【蔡老師的叮嚀】

內明堂的任何擺設，都要搭配裝潢特色，以整體爲考量，和諧有致是原則，才能讓風水兼顧美感，萬一空間過於狹隘，千萬不要過度擺設，反而容易讓財運受到狹迫限制。

【風水如何自救？】

Q1：外力介入阻斷財路怎麼辦？常常談一樁生意，明明快要成交了，卻突然冒出不速之客作梗，讓眼看到手的生意搞砸？有沒有辦法可以破解呢？

A：視小人破壞財運的情況，選擇不同的破解法，像是用天然水晶或清朝五代全盛的五帝錢，綁成「金錢劍」，立掛在內明堂，對向大門，可以破除小人阻斷財路；另外也可以在內明堂擺設大一點的天然黃水晶單晶柱，或是小一點的晶柱七星陣，對向大門，因爲晶柱屬於六角尖銳物，能量和氣勢可以幫助突破財運困境；或是內明堂擺設大一點的天然黃水晶球，或是小一點的晶球七星陣，對向大門，因爲晶球屬於圓融物，能量和氣勢可以幫助促進財運的圓融，改善交涉困難的問題。

天然水晶球七星陣

Q2：清朝的五帝錢要去那裡買？

A：可以到骨董市場賣古錢的攤位找，所謂的「五帝錢」是指前清古幣，依序爲順治、康熙、雍正、乾隆、嘉慶。記住喔！掛五帝錢時要按照五帝的順序由右到左放在門坎下，字頭向門外，字腳向門內。

五帝錢要按照五帝的順序由右到左放在門坎下，字頭向門外，字腳向門內

第三章

佈置錢滾錢的居家財庫：廚房

納聚錢財的財庫

在這個人人喊窮的年代，不只是失業、低收入的人叫苦連天，就連周圍很多會賺錢的朋友也常抱怨存不到錢。業務收入的進帳不少，但是不知道什麼原因，就是沒辦法有盈利結餘。對於像這樣手邊存不了錢的朋友，我的建議是不妨看看家裡或辦公室的「財庫」，是不是格局佈置上出現問題，趕緊尋求破解之道，才能留得住錢財！

「財庫」和「財運」不同，有了賺錢的財路運氣，還要有理財、守財的能力，才能把賺進來的錢變大、滾大。靠的就是理財的方式，像是定存、跟會、買基金、股票等。如何增加這方面的智慧能力和敏銳度，就是佈置財庫風水的最高指導原則。

居家財庫看廚房

辦公居家的財庫在哪裡？

家裡的財庫要看廚房，辦公室的財庫要看櫃台保險櫃。我們先來談廚房的風水佈置，爲什麼廚房和理財有關係呢？因爲廚房基本上是住宅氣流的匯聚地，大部份住家的廚房都設置在後方，像是布袋的底部一樣是收納氣流的位置。加上當廚房瓦斯爐火在燃燒的時候，需要大量的空氣，排油煙機不斷的抽風、排風，會吸收從大門、窗戶進來的空氣，所以廚房也就成爲空氣的收納地，代表是錢財收藏存放的地方。

也就是說，大門進來的氣流象徵財運，位於住宅底部的廚房就是存放錢的銀行或是堆放財富的金庫。所以把廚房打理佈置好的話，就意謂著可以把金錢財富管理好，也就能提升理財的能力。相反的，要是廚房佈置的不好呢？通常住家廚房都是設置在靠近後門的地方，大門和後門的氣流互相拉扯，就算再多的財氣都可能從後門溜走，賺再多的錢都留不住，辛苦賺來的錢很容易就因爲種種原因損耗開銷掉。

把廚房打理佈置好的話，就意謂著可以把金錢財富管理好，也就能提升理財的能力

招財撇步一：

佈置聚寶生財的廚房

財庫既然是存錢的地方，好財庫的條件，第一自然是要夠大，廚房的空間大，才能積聚更多的錢財。走進有錢人的家裡，很難發現狹小的廚房，因爲房子大，廚房相對也大，經濟能力也是比較寬裕的。

不過，別以爲空間大就可以成爲聚寶生財的廚房，要是出現燈光昏暗，污穢髒亂油膩的禁忌，也會因爲破財損利，被迫換成小房子小廚房喔！

開放式的廚房守不住錢財

還有一點尤其要注意，千萬不要爲了節省空間，把廚房設計成開放式。沒有門牆的廚房，氣場容易飄零四散，無法藏風聚氣，會失去對錢財保護的能力，即使很會賺錢，也很難留住錢財。另一方面，當外人打開大門的直視範圍，就可以看見廚房中的瓦斯爐時，也代表著財庫外露。錢財一旦露白，就容易被偷竊、搶劫，或是遭人設計騙錢。

如果因爲房子的空間狹窄，實在不適合設計成獨立的廚房，至少也要半開放式的比較好。利用櫃子擋住或設置玄關，避免被人一眼就看到廚房瓦斯爐火。或者是透明玻璃門牆的廚房，一方面讓廚房有獨立的空間保護財庫，另一方面，也不至於讓房子的空間感覺擁擠狹小。

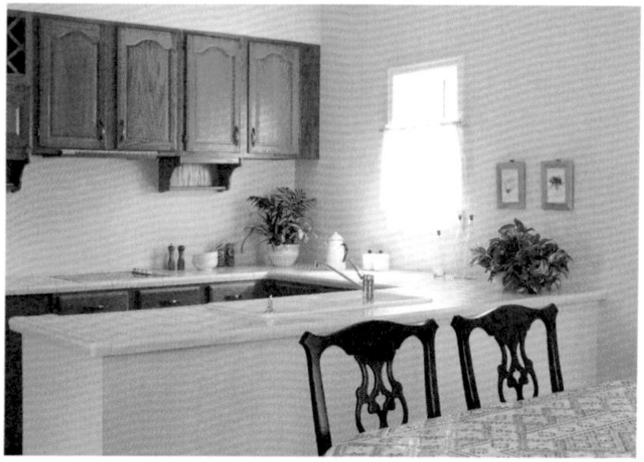
沒有門牆的廚房，氣場容易飄零四散，無法藏風聚氣，很難留住錢財

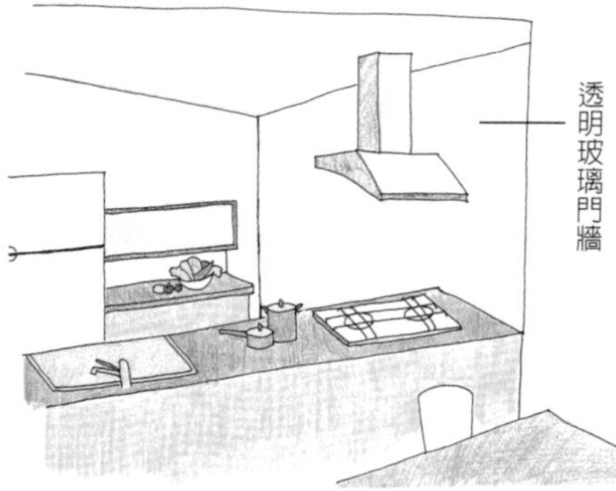

廚房加裝透明玻璃門牆，讓廚房有獨立的空間保護財庫

【開運納財DIY】廚房佈置聚寶盆

想要讓自己成爲更會存款的人，除了強迫養成儲蓄的習慣，在廚房佈置聚寶盆，也可以加強儲蓄的動力和能量，讓存款儲蓄的金額變得更有看頭喔！

怎麼做呢？選一個銅製或是陶瓷的甕，記得一定要挑選甕口小、容量大的才行，意思是讓錢財放進去容易、拿出來很難。然後裡面放置五帝錢，以及新台幣一元、五元、十元、五十元的銅板數枚，再加上壹佰元、伍佰元和千元紙幣各一張當做襯底，擺置前用高溫吹風機熱烤一下，代表小錢也要存、大錢也要存。很多人存不了錢，就是因爲只想存大錢，小錢隨手就花掉，這樣永遠都無法累積財富，萬丈高樓平地起，養成儲蓄的好習慣絕對不能只看大不看小。

最後把天然黃水晶碎石倒入甕中約九分滿，上面再壓一個水晶球更佳，意謂著把錢壓在裡面，不隨便拿出來，這樣才會愈來愈多。九分滿的空間，代表著對於財富的追求，還有努力的空間。這樣自己動手DIY，做法簡單的聚寶盆，完成之後放置在廚房裡面乾淨隱密的角落或是置物櫃中，就算大功告成了。

把天然黃水晶碎石倒入甕中約九分滿，意謂著把錢壓在裡面，這樣才會愈來愈多

【風水如何自救？】

Q1：我們家廚房很小，整理得很乾淨、擺設得井井有條，但是空間還是有限，會不會影響到聚財的條件？

A：廚房是財庫，打理得清潔明亮，即使空間不大，只要符合下列三點，還是有聚財的基本條件。

一、獨立空間：廚房雖小，但是擁有獨立的空間，才可以固守防護有限的錢財，擁有保護錢財的能力。

二、善用光線：選擇白色系的燈光照明，可以增加理財的眼光和智慧。

三、清潔整齊：讓空氣溫和的流動，不要有強風灌入摧殘，也不要死氣沉沉，這樣財庫就會像小樹一樣，慢慢滋長壯大。

Q2：我們家的廚房和餐廳共用一個空間，爲了增加用餐氣氛，所以是暈黃的燈光，這樣是不是有損財庫的明亮？

A：沒錯！因爲光能可以擴充廚房的空間，照亮財庫。所以廚房和餐廳最好是分開。如果礙於空間限制的話，照明也應該以明亮爲主，太過注重氣氛，理財容易因爲感性大於理性而破財。想要兩者兼具的人，可以考慮裝置能變化的燈，煮菜時用白光、用餐時再調整爲黃光。

招財撇步二：
佈置會理財的廚房

人不理財、財不理人，會理財的人當然懂得如何把錢變大滾大。如何讓自己擁有理財的智慧和好運呢？關鍵就在這個「理」字，走進一個人家的廚房，架櫃空間整理的條理分明，米鹽醬醋的瓶瓶罐罐擦拭乾淨、陳列整齊。不但使用的時候方便拿取，看起來更是賞心悅目，在這樣的廚房裡面打理家務，心情愉快，頭腦自然也會清楚分明。

懂得整理分類的主人，在理財的事務一定也能展現過人的能力。因為在整理分類的過程中，其實也是在整理自己的思緒和頭腦，想想自己是不是還有什麼貸款未付清？手邊的股票、基金何時要獲利出手？投資標的選擇要根據那些市場原則？這些理財的智慧、行為和好運，都需要條理分明，頭腦清楚的判斷和思考。

不相信的話，看看廚房髒亂恐怖的人家，滿地污穢潮濕，蟑螂老鼠到處咬，表示財庫出現破洞。或是任由廚房裡存放的調味料，到處沾漏外滴，這些油、米、醬料都是生活享用的物資，隨便沾漏外滴，代表對理財謹慎度不夠，容易因為疏忽或是不謹慎，讓儲存的錢財一點一滴的流失。導致在金錢方面也是入不敷出，三餐生活的費用捉襟見肘，甚至靠舉債度日。

性格決定命運，理財是習慣的養成，沒有人天生就是理財高手、整理錢財的能力是可以培養訓練的。廚房是財庫聚集的地方，所以就從整理廚房的瓶瓶罐罐開始，訓練自己擁有善於整理錢財的清楚頭腦吧！

【風水如何自救？】

Ｑ１：因爲家裡的廚房靠近後門，所以養的小狗也喜歡在廚房活動，弄得很髒亂，這樣會不會影響到財庫的聚財？

Ａ：廚房最大的禁忌是髒亂，所以最好不要在這裡養寵物。飼養寵物容易有細菌、穢氣充斥整個廚房，這些都會影響腐蝕財庫。不但健康容易出問題，理財方面也可能出現挖東牆補西牆的狀況。盡快將廚房清理乾淨，遷走寵物才是上策。

Ｑ２：因爲是老房子，漏水問題一直難解決，尤其是廚房，擔心財庫會受影響？

Ａ：水代表錢財，所以住宅漏水在風水上來說，原本就是大忌諱。加上漏水的廚房容易潮濕，滋生細菌蟑螂，讓財庫受到腐蝕。如果不加以改善，容易因爲莫名其妙的原因導致存款儲蓄的損耗。唯一的方法就是趕緊把漏水問題解決，甚至不惜改變廚房的位置，避開漏水嚴重的問題。

廚房架櫃空間整理的條理分明，米鹽醬醋的瓶瓶罐罐擦拭乾淨、陳列整齊

招財撇步三：佈置會錢滾錢的廚房

現代人講求理財的學問，不少人還專程花錢參加投資課程，希望增加理財方面的能力。但是說也奇怪，我母親那一輩的媽媽們，大字不識幾個，更不要說有機會當職業婦女，靠做生意、上班來賺錢，居然省吃儉用也能養活一家大小，甚至賺錢買房子、讓兒女出國留學拿博士。

她們靠的就是錢滾錢的學問，印象中媽媽的理財撇步就是找可靠的親戚好友起互助會，先當會頭，然後以會跟會，再以會養會。換成現代的投資環境，跟會因爲風險太大已經落伍，不過舉凡股票、基金、外匯等投資工具，賺錢的撇步還是靠錢滾錢的複利，才是讓財富累積速度和金額更驚人的聰明理財法。否則光是靠薪水和銀行存款，想要提早退休，恐怕永遠趕不上通貨膨脹的腳步。

錢滾錢除了要靠智慧和能力，也要懂得規避風險，才能掌握最佳的致富良機。前面講的廚房空間大、乾淨明亮等條件，主要是佈置氣流順暢的廚房，讓廚房聚納更多財氣。但是如何讓氣流在廚房滾動停留，避免錢財的流失，又是另一個風水佈置的學問。這方面的禁忌需要多加注意，主要的原則是看廚房門和瓦斯爐火。

（一）廚房門的禁忌：

首先廚房門禁忌正對或緊貼窗戶，因爲窗戶是人不可進出的對外氣流通路，代表心靈精神的外界誘惑。窗戶正對或緊貼廚房門時，容易因爲開門或瓦斯爐燃燒時引起氣流拉扯，導致感情或桃色問題損耗錢財。

另外廚房門也禁忌正對或緊貼大門，因爲大門是本宅風水象徵工作事業前途的重地。大門是財路、廚房是財庫，兩者相對或緊貼，氣流快速的流動拉扯，表示這家人只知道用勞力死賺錢，不懂得用智慧讓錢變大滾大。拼命勞苦地工作賺錢、存錢，不但變成只會賺錢的勞動機械，還容易因爲工作操勞過度而生病。

其它像是代表救援的後門、個人運勢的房間門、以及容易產生穢氣的廁所門，不管是正對或緊貼著廚房門都是禁忌，對於廚房財庫的風水都會產生不利的影響。

★破解法：

住宅內的門窗隨處可見，實在很難面面兼顧，但是只要懂得善用佈置，不需要改變格局就可以破解上述的禁忌。除了將瓦斯爐台位置盡量遠離廚房門，降低爐火直接吸拉氣流之外，還可以採取「避」和「擋」的破解法，進出廚房隨手關門，並且加置一條九分長的布門簾，或是安置紗窗門，阻隔開門時的空氣對流。兩門之間也可以佈置玄關、屏障，或是加置高櫃，讓氣流流動有緩和的空間。

萬一空間不夠大，無法安置玄關、屏障，也可以採用光源化解。在廚房門外、以及正對或緊鄰的門內天花板，各加置一盞吸頂式的照地燈，用光能緩和兩門之間的氣流。廁所因爲會產生穢氣的問題，無法完全藉由空氣流動的動線改善時，就必須加強廁所的乾燥清潔和維持通風，並且在廁所內放置水耕植物、薰香精油、芳香劑、水晶碎石等，達到吸收廁所穢氣的功效。

在廁所放置薰香精油可吸收穢氣

（二）瓦斯爐火位置的禁忌：

廚房的瓦斯爐燃燒時，需要大量空氣，同時上方的排油煙機不斷的抽風、排風。所以瓦斯爐火的位置，可說是廚房中吸納財氣的重點，自然在風水佈置上也有很多禁忌和需要注意的地方。

瓦斯爐火的位置，也要避免正對前面提及的窗戶、大門、後門、房間門等，減低氣流的拉扯，讓錢財不會因爲各種原因流失損耗。就連廚房門也禁忌正對或緊貼瓦斯爐，因爲廚房門是宅內與廚房的出入道路，當廚房門對沖或緊貼瓦斯爐，會形成瓦斯爐火需要的氣場和廚房門直接對流，造成這邊雖然拼命存錢，但是其他家人卻拼命花錢的結果。

另外，瓦斯爐火位置如果貼近樑柱或是頂上挑樑，也會觸犯風水禁忌。想想看，瓦斯爐承受房屋樑柱的壓力，當爐火燃燒時，將壓力激發到廚房裡，轉移到爐火滲入食物進入人體內。讓宅中人爲了存款、理財的事情承受壓力，不但財富不會豐盛，還可能累出病來。

瓦斯爐火位置不可貼近樑柱或是頂上挑樑

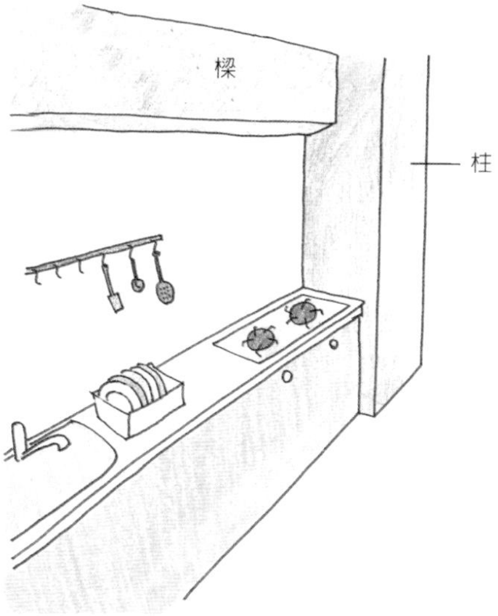

★破解法：

迴避正對門窗的方法很簡單，當瓦斯爐火在燃燒時，記得把正對、緊鄰的門窗緊閉就行了。至於上方的樑柱，用包柱的直立櫃緊貼，或是設置吊櫃橫貼在樑下，也可以乾脆用天花板將橫樑包起來，抵擋隔開樑柱下壓的壓力。

瓦斯爐也禁忌正對樓梯，因爲爬樓梯需要費勞力，樓梯正對瓦斯爐時，象徵爲了存錢將十分勞苦，這種只懂得用勞力的存錢法，絕對存不了大錢。另外還有一種情況是，廚房瓦斯爐火雖然沒有正對樓梯，但是上下樓梯時，都需要經由廚房內出入，讓爬樓梯的勞力之氣經常穿越在廚房，也容易讓財庫的滾動只靠勞力獲得。雖然說「一分耕耘、一分收穫」古有明訓，但是運用在現代人身上，卻不符合錢滾錢的聰明理財法，動手也動腦，才是累積財富的快捷之道。

在樓梯出入口設置一個玄關、屏障或轉檯，不要讓出入口正對著瓦斯爐。同時上下進出樓梯時，不要匆匆忙忙、氣喘如牛的穿越廚房，讓廚房減少心浮氣燥的氣流。

在樓梯出入口設置一個玄關、屏障或轉檯

再來就是避免廚房內部陳設干擾瓦斯爐火，比方說瓦斯爐禁忌正對或緊貼冰箱和水槽，因爲做飯炒菜時免不了用水、或是開冰箱，如果瓦斯爐火正對或緊貼冰箱和水槽，水和冰冷的寒氣對爐火產生熱寒、水火相剋；導致家中理財和投資的方向，容易產生相左的意見或衝突，造成破財損利的結果。

除了寒氣，電器用品的電磁波也要避免，像是瓦斯爐緊貼電鍋、電冰箱、微波爐、烤箱、電磁爐等電器用品都是禁忌。因爲當瓦斯爐火在燃燒時，會把電器用品的電場激發出，轉移到爐火滲入食物進入人體內，透過吸收消化代謝，容易因資訊錯誤，導致破財。

另外瓦斯爐火最好也不要貼近刀具組，因爲刀具是凶器，烹調食物長期用來剁肉切菜，讓刀具無形中累積蘊藏煞力。如果緊貼爐火，激發蘊藏的凶煞能量匯聚在廚房裡，轉移到爐火滲入食物進入人體內，宅中人可能因爲血光、刀光之災而破財，或者是因財被謀害搶劫。

瓦斯爐火最好也不要貼近刀具組

★破解法：

將水槽、電器用品、刀具組移離瓦斯爐火遠一點即可。

前面說明的都是看得見的部份，另外看不見的地方也要注意。像是化糞池、排糞管或排污水溝上方，也是瓦斯爐火禁忌設置的地點。這點和避免貼近廁所門和牆壁的道理相通，當瓦斯爐火在燃燒時，會將下方化糞池、排糞管或排污水溝的穢氣吸收進廚房，轉移至爐火滲入食物進入人體內，導致思考分析判斷失誤，讓錢財因爲錯誤的決策帶來損失。還有一個容易被忽略的地方，就是廚房地面或是瓦斯爐台面下陷，廚房是財庫，財庫下陷自然留不住錢財。或是瓦斯爐台底下是懸空開放的空間，象徵財庫沒有地基，錢財容易被人掏空。

1瓦斯爐位於化糞池、排糞管或排污水溝上方：移開是最簡單的方法，萬一不能移位時，可於瓦斯爐台下或者廁所中靠近瓦斯爐的牆邊放置水晶碎石或原礦，代替瓦斯爐吸收穢氣。

2瓦斯爐位置下陷：把瓦斯爐移至較高處，或把下陷的地面或台面盡量提高。

3瓦斯爐台懸空：盡量選購底下有密閉櫥櫃的瓦斯爐流理台，或是將底下懸空的開放空間，當做儲藏櫃，用來擺放廚房的用品。

瓦斯爐不可以懸空或下陷

【開運納財DIY】廚房佈置米缸，加入天然水晶圓球

面對未來可能是零利率的時代，如何錢滾錢、利滾利，除了需要對當前的投資工具多做功課之外，也需要增加錢滾錢的機會和好運。將廚房打理乾淨，把米放在一個稍微大一點的米桶或米缸裡，然後再放入一些天然水晶圓球就可以了。

米缸一定要大一點的喔！才可以讓財富累積的空間足夠寬裕，圓球水晶隨著每天舀米的動作，保持滾動的狀態，讓招納財富的能量發揮到更大。

【風水如何自救？】

Q1：後門設置在廚房中的話，是不是容易觸犯禁忌，該如何破解改善呢？

A：後門是本宅風水的救援，廚房是財庫，當兩門相對或緊貼，開門時氣流容易在瞬間沖散掉，或是瓦斯爐燃燒時拉扯兩門的氣流互撞，導致錢財一進手很快就流失，容易把錢花在塡補急用上。如果不能改變居家格局，最好養成隨手關後門的習慣，或是加置紗窗、一條九分長的布門廉，阻隔開門時的空氣對流。

Q2：廚房門禁忌正對、緊貼房間門，有沒有特別限定是什麼人的房間呢？

A：房間中個人的穢氣，會經由房門流出影響廚房財庫的氣流。誰都不能保證自己永遠都是鴻運當頭，所以不管是家中的任何成員，都可能產生不同程度的穢氣或惡運，爲了避免家中錢財因爲該房間居住的人損耗，只要有居住人的房間門，都應該盡量避免正對、緊貼廚房門。

招財撇步四：
佈置財庫高升的廚房

擺脫禁忌可以減少破財的機會，但是追求財富的道路永無止盡，想要讓財庫能夠高升，容納更多的錢財，這裡提供大家幾個讓財庫高升的佈置妙法。

首先可以利用水晶提升財庫，在廚房擺放白色和紫色水晶最佳。因爲白色水晶的能量可以穩定心神，理財決斷的過程中最忌諱心浮氣燥，藉由擺設白水晶、白幽靈水晶，可以加強自己的理財能力。另外想要增加理財方面的新點子，擺設紫水晶也是不錯的佈置，可以透過公關創作或是婚姻關係，讓自己的理財能力更能發揮。

其它不同水晶帶來的能量，可以視個人的情況和目的，選擇適合的來擺設。比方說，象徵愛情力量的粉水晶，提昇領悟力和潛能的茶、黑水晶、黑髮晶，增強投資敏銳度的黃水晶、黃髮晶、黃兔毛水晶，對工作才華專業有幫助的綠幽靈水晶、綠髮晶，強化決斷執行力的紅兔毛水晶、紅髮晶、紅幽靈水晶，都可以讓自己的理財能力增強，讓財富愈理愈多。

紅兔毛水晶（強化決斷執行力）

上述的水晶擺設方法可以用碎石、圓球或圓球七星陣，最好放置在廚房門正對的位置。選擇廚房其它角落的櫃架上方，像是冰箱的頂部，因爲這裡通常不會擺放其他物品，而且高度也不會影響到廚房的工作，用來擺放水晶，當然是最好不過了。

【開運納財DIY】讓錢財滾動相生的佈置法

準備陶瓷的花缸或是花盆，必須中間部位體積大，代表容納的財氣夠多。然後放入有增強理財能量的天然黃水晶碎石，再栽入水耕植物的開運竹，記得開運竹要去葉見節梗的比較好，佈置成三層或五層的造型，放置在廚房的櫃子或冰箱上。

因爲陶瓷屬土，天然黃水晶也屬土、植物是屬木，水耕植物有水，搭配開運竹的數量，個位數字是屬火的2或7，例如12、22根或17、27根等依此類推。五行相生，就能水生木、木生火、火再生土，讓錢財源源滾動。

開運竹要去葉見節梗的比較好，佈置成三層或五層的造型，放置在廚房的櫃子或冰箱上

【蔡老師的叮嚀】

情緒也是一種氣場，所以喜、怒、哀、樂對於財庫也會產生影響。破解之道是盡量不要讓精神狀態不佳的病人炊煮飯菜，平常進廚房做飯用餐，也要保持愉悅歡喜的心情，這樣才可以興旺財庫，提升理財的凝聚力喔！

你也可以創造有錢人的財庫格局

風水反映出一個人的態度，就像人心中有多大的格局，就能成就多少事。廚房是炊煮食物，也是囤積食物的地方，生活中的開門七件事「柴、米、油、鹽、醬、醋、茶」都擺放在這裡。簡單的說，一個人有沒有足夠的錢享用豐足美食，也可以由廚房的陳設和格局看出來，有錢人家的廚房絕對不會太寒酸。同樣的，每天在僅容旋身的廚房準備三餐的人，在金錢的用度方面自然也不會太寬裕！

財庫旺，錢財就會漸漸壯大積存、翻滾的數量愈多；財庫敗，錢財就會慢慢流失積存、可以翻滾的本錢就愈少。

另外廚房的格局也會影響到健康，因爲煮飯燒菜時，瓦斯爐火燃燒，會吸入四周大量的空氣。這時候，如果有害的氣流經由爐火高溫磁場轉移到食物中，吃入人體吸收、消化、代謝，就會影響到身體健康。關於這方面的風水佈置，在後面的篇章中，還會有詳細的說明。

瓦斯爐火的高溫會轉移磁場至食物中

第四章

佈置賺錢營利的公司財庫：營業櫃台

公司財庫看櫃台

開門做生意，誰不想要開運納財，業務步步高升？所以財庫的佈置當然也不能忽視，但是因爲公司或是店面通常不會設置廚房。這時候財庫要看那裡呢？答案是「保險櫃」或「收銀櫃台」，爲什麼公司的財庫要看櫃台呢？因爲這是公司、店面存放金錢的地方，所以公司的保險櫃和店面的收銀櫃台，就代表公司或店面的財庫。

一般公司都是非現場營利，所以大多數不會有收銀機和櫃台，這時候財庫就要看契約、現金、有價證券存放的地方，也就是保險庫，通常會擺設在負責人、老闆或是財務部門的辦公室裡面。如果有人逆向思考，把保險庫擺放在公司裡面的其它地點，離開負責人、老闆或財務辦公室的範圍。從風水觀點來看，保險庫和主事者分開，容易導致公司財務出差錯，因爲開公司是爲了賺錢，那有負責人、老闆或財務不好好就近看管公司財政的道理呢！

保險庫通常會擺設在負責人、老闆或是財務部門的辦公室裡面

至於一般店面是屬於現場營利，採取現金交易，自然會設置收銀櫃台。這裡要特別強調一點，所謂財庫要看收銀櫃台，其實重點是在收銀機本身，因爲這裡才是存放金錢的地方。所以如果沒有收銀機，店內擺放現金的抽屜、櫃子就等於是財庫。如果店面同時有保險庫和收銀櫃台的話，那麼兩者都是財庫，在陳設方面最好都要注意，才能保護財庫持續納財、增財。

收銀櫃台通常會擺設在賣場空間的出入口或是賣場大門的正對位置。這裡的視野可以清楚掌握店內外的情況，也是迎賓送客的第一線，採取「以逸待勞」的佈置，是營業店面最有利的風水佈置。除非是百貨公司的結帳櫃台因爲共用，距離賣場比較遠，否則開店做生意，收銀櫃台一定要在賣場空間內。不然的話，不但買賣不易成交，收銀機遠離監控範圍，還可能導致遭竊受損的事情發生喔！

收銀櫃台通常會擺設在賣場空間的出入口

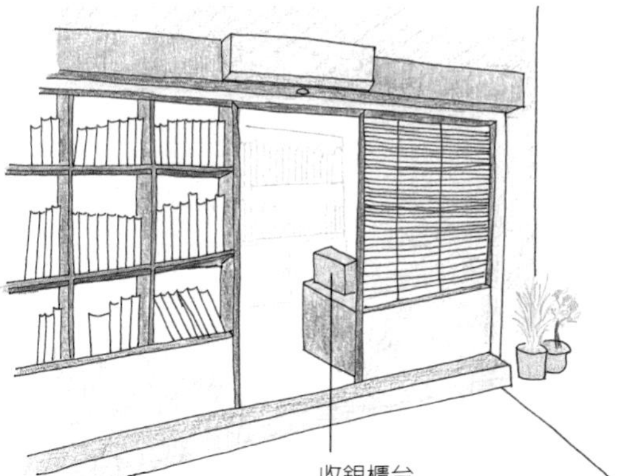

招財撇步一：
佈置會護財的公司財庫

財不露白，這個道理大家都知道。所以不管是收銀機還是保險櫃，最好是擺放在店內視覺死角，達到隱密的效果，這樣營運獲得的錢財，才可以妥善保護，不容易遭人掠奪侵害或是謀佔。

有人可能會問，收銀櫃台既然是在店面顯眼的位置，如何讓收銀機隱藏不被人注意呢？事實上，收銀機或是保險庫的設置，必須視野開闊，也就是本身前方沒有阻擋物，開關方便，但是要設在外人視覺比較不容易注意的隱密位置。開放的收銀櫃台並不會影響財庫風水，只用善用遮蔽的植物、櫃架或是書報檔案做爲庇護，讓收銀櫃台不至於直接曝露在外，就可以達到保護財庫的效果。千萬不要將收銀機放在櫃台視覺明顯的地方，甚至抽屜直接朝外開啓，這樣不但影響財庫的錢財累積，還可能發生交易被侵佔搶奪的問題。

隱藏式的收銀櫃台最不易散財

【開運納財DIY】佈置納財葫蘆

收銀機的抽屜或是保險庫內部空間一定要大，代表可以容納更多的錢財。最好旁邊再掛置一個天然水晶切割成的葫蘆，或是天然植物曬乾的空心葫蘆，可以吸納財氣，象徵營運業務的錢財往公司店家的錢庫裡聚入的意思。

髮晶葫蘆吸納財氣

【風水如何自救？】

Q1：我經營一家義大利餐廳，地點在鬧區，附近咖啡廳、飯館、餐廳林立，每家業績都不錯，唯獨我們生意清淡，嚐過主廚手藝的人都說讚，想不通那裡出問題？

A：親自走訪之後，我發現這家內容、品質都不差，但是瀕臨倒店命運的義大利餐廳，原來用了一部二手收銀機，不但容量小、外觀也相當破舊。建議換新之後，避開擺置禁忌，在收銀機上擺設一個天然水晶切割的葫蘆七星陣，沒多久上門的客人多了，連客人點菜的手筆也闊氣不少。

招財撇步二：佈置會納財的公司財庫

財庫既然是納聚財氣的地方，當然要注意格局設計是否會影響到氣流的通暢。我曾受邀去拜訪一家連鎖沙龍護膚美容坊，因爲其中一家分店業績不佳，內部也接連發生員工舞弊，像是將公司商品偷帶回家，以及短報銷售營業額等不法的事情，讓負責人相當頭痛。

走進大門一看，原來是當初裝潢設計不良，讓收銀機位置剛好正對著大門，難怪會有錢財利益被員工私佔侵呑的事情發生。因爲大門是人員進出必經之地，空氣對流頻繁，容易沖散收銀機的氣場，所以不管是公司或是店面的收銀機、保險櫃，都禁忌直接正對門。

除了避免正對大門，另一個要注意的是，避免收銀機、保險櫃正對窗戶或是位於窗戶下方。因爲窗戶是通往外面非正式的通路，所以當窗戶打開，氣流和光能會擾亂收銀櫃台或是保險櫃的氣場，導致商業營運的機密消息外漏，容易被外界的人事或是競爭對手捷足先登，搶走營運收益。

★破解法：

將收銀機（櫃）移開，如果無法移開，就必須養成隨手關門窗的習慣。或是在門加裝一條九分長的透明薄紗，讓收銀機和門之間有屏隔，防止氣流沖到收銀機。擔心關窗空氣不流通的話，也可以加置窗簾，或是在收銀機（櫃）、保險櫃上方栽植一小盆開運竹，吸納從窗戶流竄而入的氣場。

【風水如何自救？】

Q1：投資的金控公司是靠併購轉讓獲利，不過最近多項合作案，都出現其他公司搶客戶的情況，讓我們喪失長期經營的客户，問題是出在公司財庫方位嗎？

A：財庫的方位因爲要看主事人的生辰和流年，所以無法簡單回答。但是建議您不妨先檢查一下公司保險櫃擺放的位置，是否正對窗户，或是位於窗户下方。如果是的話，移開或許就會出現契機。

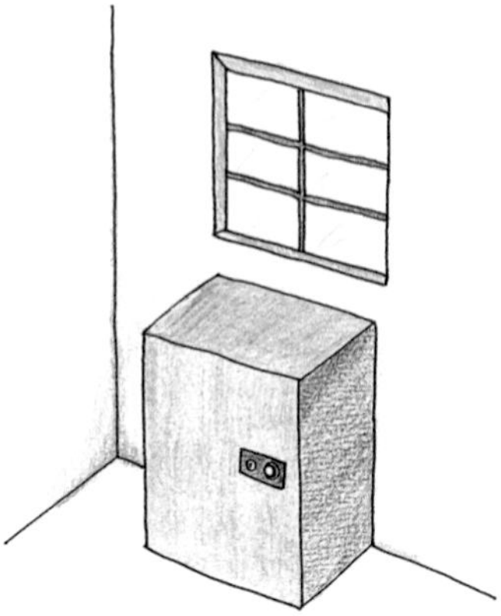

保險櫃在窗下要移開或加窗簾

招財撇步三：
佈置會鎮財的公司財庫

記得多年前曾替某大建設公司看風水，因爲那一年景氣大好，蓋的房子全部大賣，財源滾滾。但是進來的錢雖然多，卻總是因爲一些不必要的因素破財，像是施工不愼導致工人受傷賠償，以及仲介買賣引起的官司纏訟。後來經過指點，傳授負責人和財務單位關於保險金庫的鎮壓小技巧，果然不必要的金錢支出減少許多。

不過雖然說是要鎮壓財庫，但是千萬不能按照字面的意思來佈置，誤把重物擺放在收銀機（櫃）或是保險櫃上面，就算是「鎮壓」了。因爲在收銀機（櫃）或是保險櫃上面壓蓋重物，壓力下沉，反而會導致內部自我阻障的問題發生，造成營運收益方面的損失。我常常看見美容院的收銀機壓著一堆厚重的報章雜誌，都會忍不住雞婆的提醒老闆，最好是把收銀機上方的東西移開，因爲這樣的擺設，店內容易常有勾心鬥角的事情發生。

除了直接來自收銀機、保險箱上面擺放的物品，財庫的壓力還可能是因爲上方的樑柱，不管是樑壓或是貼柱都應該盡量避免。才不至於讓公司的營運業務承受樑柱的重壓，事業推展被壓制侷限，導致收益無法旺盛起來。

★破解法：

不要把收銀機（櫃）或保險櫃當成置物台，上面盡量不要放重物。如果位於樑柱下方或是緊鄰樑柱，直接移開是最簡單的方法。萬一礙於格局無法移開，也可以在收銀機旁邊或是柱面裝設一盞朝天燈，透過光能打向樑或是柱面，將樑柱的重壓力反推回去。

【蔡老師的叮嚀】

這裡要分享大家一個觀念，營收進來的錢財，並不等於是獲利，也不表示可以全部留在荷包袋裡面。財路通暢只是累積財富的第一步，如何避免財庫出現損失，除了需要更多理財的智慧和能力，在風水佈置方面的禁忌也需要特別注意迴避。

【開運納財ＤＩＹ】用「罡」字鎮壓財庫

爲了讓營收入帳增加，同時盡量減少開銷，可以在收銀機或是保險櫃的底面，用紅色油性簽字筆寫一個「罡」字（註：罡乃是東西南北四正氣，以四正之氣鎮壓所有不正、歪斜之氣，也就是鎮壓之意。）或是用黃色四方紙書寫，再以打火機、高溫吹風機，於文字上烤一烤，然後貼在收銀機或是保險櫃的底面。

【風水如何自救？】

Ｑ１：保險櫃上面不能放重物，那麼放電話可以嗎？

Ａ：電話會發出聲音，產生音波，音波的磁場會對財庫造成影響，容易導致公司內部的股東或合夥人出現意見不合的雜音。除了禁忌擺放電話，其它像是音響、鬧鐘等會發出聲音的東西都應該避免，最好的方法就是移開，不要放在保險箱或是收銀機的上方。

招財撇步四：佈置會增財的公司財庫

了解如何避免財庫出現損失的風水佈置之後，想要增強理財智慧和能力的人，還可以利用水晶助長收銀機（櫃）或是保險櫃的財氣，擺放的位置可以在收銀機（櫃）、保險櫃上方或是裡面。

想知道那一種水晶比較適合？不妨根據從事的業務內容加以選擇，如果要想讓公司財務不容易出差錯，可以擺放天然白色水晶。想讓公司財務更集中管理在負責人或財務長身上，可以放天然紅色水晶，像是紅髮晶、紅幽靈水晶、紅兔毛水晶等的擺設品。想讓公司財務轉投資更有獲利機會，可以放一個天然黃色水晶、黃髮晶、黃兔毛水晶。想讓股東人事之間對公司的財務更配合一點，可以放天然紫水晶。想讓公司的財務更有條理的運轉，增強財務規劃的效能，可以放天然綠幽靈水晶、綠髮晶。

這些具有不同能量的水晶對於理財的能力和智慧有幫助，但是如果要避免員工私佔侵吞公司財物，也可以放一個天然茶黑水晶、黑髮晶的擺設品。或是想要突破營運收益上的逆境，天然鈦晶、金髮晶擺設品會是不錯的選擇。

紫霞玄武－天然紫水晶雕件
（蔡上機開運水晶典藏館提供）

【開運納財DIY】增加財庫的照明

想要增加營運收入的錢財，可以在收銀機或是保險櫃上方打一盞燈，照亮收銀機或保險櫃，讓光能的能量旺盛錢財。這一招我曾在京華城商店街的某精品店試過，因爲這家店位於手扶梯的轉角處，人潮鼎盛，入店的人次也不少。但是買氣卻比不上人氣，我建議店家趕緊在收銀機上方打一盞燈，結果買氣果真提升不少。

【蔡老師的叮嚀】

佈置公司店面的財庫，必須先排除所有禁忌爲優先。然後才是增強輔助財庫的能量，可以用天然水晶的擺設品，像是圓球、三角蟾蜍、元寶、龍龜、印章造型，或是配合負責人、老闆生肖的三合、六合生肖造型都可以。於這方面的風水佈置。

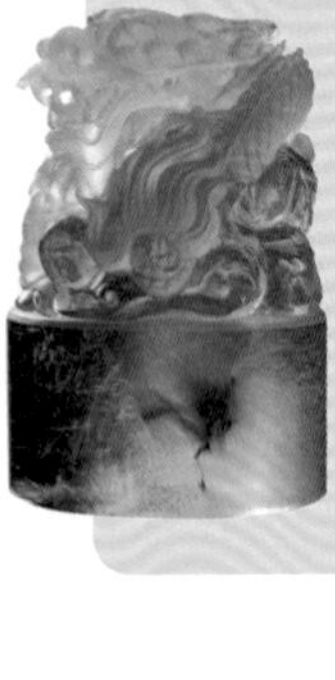

鈦極龍王印璽—鈦晶龍雕印章

保險櫃≠椅子

如果上面的方法都已經用心佈置，但是營收還是不見起色，我這邊還有一個私房撇步透露給大家。爲什麼說是私房撇步呢？因爲鑽研風水多年，我也是直到碰見一位經營貿易公司的老友，才注意到這個小地方。

事情是這樣的，這位好友開公司，無論景氣好壞，拚命接訂單的結果，業務量一直都不錯，但是營收利益總是無法突破超越。請我去看了幾次風水，雖然公司的格局並不是上等的環境，但是也看不出哪裡有問題。這種情況連我都覺得納悶，想不到有一次言談問，突然發現他老兄好幾次說著說著，屁股就坐到他辦公桌旁邊的保險庫上面。我問他是否經常把保險櫃當椅子，他笑著回答因爲保險櫃和椅子差不多高，既可以放現金支票等重要文件，偶爾還可以當椅子坐，眞是方便，他甚至還想買個坐墊放在上面呢！

唉呀！問題就出在這裡，人一坐下，重心就在屁股，肛門的穢氣下放到保險庫，讓公司的營運收益，受到重力和穢氣的影響，當然永遠超越不了現況。果然，改掉這個習慣之後，好友的公司業績開始出現轉機。所以，千萬不要把收銀機（櫃）或是保險櫃當椅子坐喔！

第五章

佈置梳妝台才能存私房錢

私房錢看梳妝台

男士們千萬不要跳過這一章，仔細研讀，了解另一半的私房錢是如何納財之外，也可以爲自己的私房錢開運一番喔！

自古以來，梳妝台都是女生在用，所以感覺存私房錢是女生才會做的事情，其實存私房錢的特權絕對不只是女生的。現代人講求女男平等，雙薪收入的夫妻更是比比皆是，願意花心思打點外型、講究體面的男士也愈來愈多，擁有個人梳妝台的男性不在少數。梳妝台本身並沒有性別的差異，也沒有刻板的造型，只要是個人整理儀容、擺放化妝品、保養品、刮鬍刀、護髮造型慕絲、梳子等私人用品的櫃子就是梳妝台，所以談到私房錢的佈置，男女都是一樣的喔！

爲什麼存私房錢要看梳妝台呢?所謂的「私房錢」就是不爲他人所知的錢財。每天一覺醒來，蓬頭垢面、口中充滿牙垢臭氣，如果不趕緊到梳妝台，梳理儀容，出門包準嚇死人。這些塗塗抹抹化妝保養品、刮鬍子噴香水的動作，都是在梳妝台前面進行，所以「梳妝台」不但是私人眞面目的掩飾，美化醜陋的秘密之地，也代表個人不爲外界所知的隱私，例如心靈精神、感情、私房錢等私密。

前面說過，只要擺放私人修整儀容用品的地方，就可以稱爲梳妝台，但是在風水佈置上還是有小小的要求。因爲現代人的房間講究設計感，很多大膽創新的家具都擺脫傳統的造型和用法，有人甚至把書桌、電腦桌的角落當做梳妝台。目的可能是爲了圖方便或是節省空間，但是對於私房錢的運勢卻會造成不利的影響。因爲標準的梳妝台最好還是要具備鏡子、抽屜等，而且盡量是個人使用，和他人共用梳妝台或是梳妝台兼書桌、工作桌的話，私房錢容易被別人發現窺探，自然就無法順利納聚財氣！

招財撇步一：
佈置會招財的梳妝台

走進一個人的房間，梳妝台抽屜沒有關好，上面陳設的化妝品東倒西歪，還有殘粉、頭髮和乳液沾黏在梳妝台上。如果問主人到底有多少金額的私房錢？保證答案也是一筆糊塗帳。

因爲從梳妝台的雜亂無章來看，表示主人並不擅長整理私密的事情。不管私房錢數目多少，都容易東放西存、親借友貸，沒有統一管理的習慣，當然搞不清楚帳目。結果呢？借人錢忘記催討、買的基金股票忘記定期檢視處理……，私房錢的累積當然不會有豐碩的成果。所以佈置一個招財的梳妝台，首要的步驟就是維持清潔乾淨，並且加強除濕，抽屜裡面放一些除濕芳香劑，讓自己在這個私密的地方感覺舒服自在，理財的智慧和能力自然也會增加。

佈置一個招財的梳妝台，首要的步驟就是維持清潔乾淨

另外沒有鏡子的梳妝台，也不容易發揮招財的功能，因爲沒有鏡子，整理儀容時只能將就拿小鏡子使用，非常不方便，心情上也缺乏安全感。這樣的情況會讓人容易感到恐慌，覺得自己老是沒有機會存私房錢，因爲梳妝台的鏡子，就等於是私房錢（私密）的眼睛，沒有眼睛，當然找不到存私房錢的方法囉！

★破解法：

趕緊在梳妝台上打一盞壁燈，或是裝置鏡子，就可以解決了。

梳妝台的鏡子，就等於是私房錢（私密）的眼睛

梳妝台最好設在臥房內

最後還有一個很容易被忽略的地方，那就是梳妝台既然代表個人的私密，就一定要設置在自己的臥房裡。很多人會因爲空間的考量把梳妝台移到其它房間，這樣不但喪失隱密性，對於私房錢的保護和影響也會降低。

像我就認識一位太太，當初結婚設計新房時爲了讓臥房的空間可以變大一點，所以把衣櫥和梳妝台全部擺到另一個房間。說也奇怪，先生對她的錢不但盤查的很緊，她手邊只要存一點私房錢就覺得好像會被發現，後來她乾脆不把私房錢放在夫家或是自己名下管理，改由娘家母親代爲保管。

★破解法：

最好是把梳妝台遷入臥房，或是在梳妝台上擺一張自己的個人照片，背面用油性紅色簽字筆，寫上自己的姓名，下面加二個字「祿庫」，然後把所寫的文字用吹風機高溫或打火機烤一烤。

梳妝台代表個人的私密，一定要設置在自己的臥房裡

【風水如何自救？】

Q1：我的梳妝台設置在臥房內的更衣間，老公每個月給的零用錢也很充裕，手邊的錢不少，但是常常一不小心就花光光，變成老公口中的血拚天后，會不會是梳妝台的位置出問題？

A：這位太太眞好命，不但房間大，裡面還有獨立的更衣間，就連老公給零用錢都很慷慨。但是爲什麼存不了私房錢？問題出在更衣室的空氣比較不流通，梳妝台雖然需要隱密不見光，但是也不能死氣沉沉，這樣就算有機會抓到錢，也存不了，所以身邊的錢滾不成私房錢。破解方法是將梳妝台移到房間臥房內，或是將更衣間的門打開讓梳妝台保持通風，同時在梳妝台加置一盞壁燈或小夜燈。

梳妝台上加置一個小夜燈，可以增加私房錢

Q2：臥房的梳妝台是老婆使用，所以我的私人家當像是香水、刮鬍刀、髮膠等用品就只好擺在臥房內的廁所裡面，剛好每天早上梳洗時順便整理，其實也很方便，但是覺得最近運氣老是不順，不知道跟這個有沒有關係？

A：很多人爲了節省空間和方便，都會把梳妝台設置在廁所內，或是直接利用廁所內的櫃架當梳妝台，其實是非常不好的。因爲廁所是人體內廢物排泄的地方，也是寬衣解帶赤裸裸的地方，代表私房錢的梳妝台如果擺設在廁所內，很容易會因爲不名譽的醜聞、或是健康問題破財。這些不可告人的理由，最後還得用不爲人知的私房錢來遮掩消災，私房錢當然也存不了啦！

【開運納財DIY】佈置納財葫蘆

如果覺得自己老是缺乏機會積存私房錢的人，可以在梳妝台掛置一個天然水晶做的葫蘆，或是天然植物曬乾的空心葫蘆。因爲葫蘆可以納氣藏氣，具有能量磁場的天然水晶更佳，可以讓腦筋開竅，個人理財的能力變得更機靈，會冒出很多點子和靈感，讓你從生活的便利中積存私房錢。

招財撇步二：
佈置會守財的梳妝台

既然是私房錢，表示就是不想曝光拿出來的錢財，所以爲了能鎮守住私房錢，平常最好把梳妝用品像是化妝、保養品、古龍水等等，盡量有條理的收納到梳妝台抽屜，並且注意除濕，放置芳香乾燥劑，這樣私房錢才不容易流失。

除此之外，梳妝台擺設的位置也很重要，因爲現代的居家設計，主臥房通常都擁有衛浴設備，前面提到梳妝台禁忌設置在廁所裡面，其它和廁所

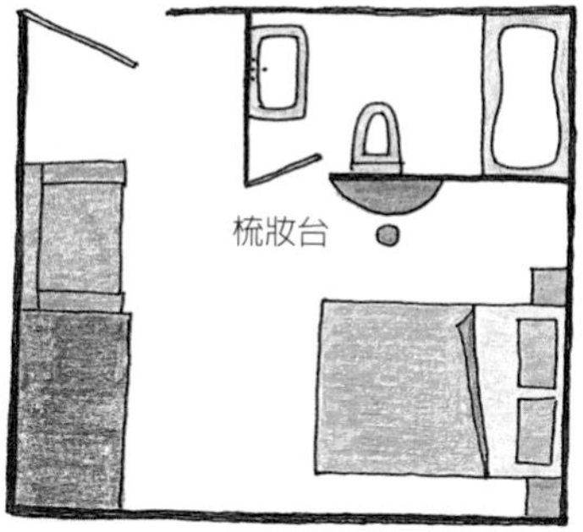

梳妝台不可以緊貼廁所牆壁、廁所門

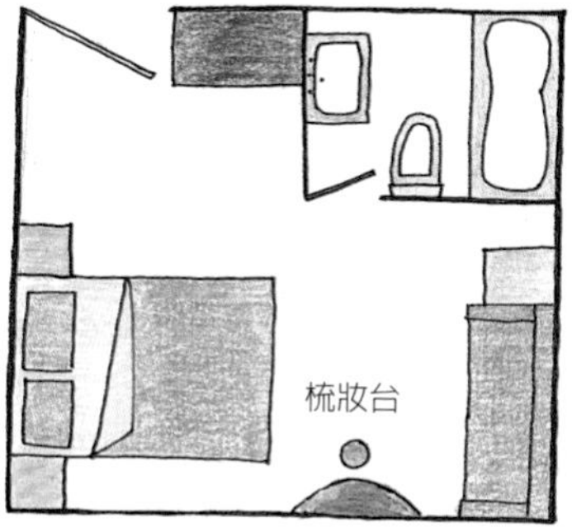

梳妝台不可以正對、人背對廁所門

相關的禁忌還包括梳妝台不可以緊貼廁所牆壁、廁所門、以及梳妝台不可以正對、背對廁所門。

因爲廁所牆壁長期吸收廁所中的穢氣，會轉移、滲透到緊貼的梳妝台，讓整理私房錢的腦筋不清楚，導致錯誤決策讓私房錢受損，或被人設下陷阱圈套騙錢。或是廁所內的穢氣從門而出，污染到梳妝台的氣場，結果背著家人拿私房錢出來做投資，認爲不會倒的會倒了、保證會漲的股票還是套牢了，更嚴重的還會因爲廁所的穢氣，帶來男女桃花的破財運。

私房錢本來就是指家人不知道的錢財，加上這些破財的理由都是比較私密的事情，碰上損失破財也不敢到處張揚訴苦。害怕讓家人或是另一半知道，打落牙齒和血吞，這個時候只能用一個字形容，「慘」啊！

所以讓廁所保持通風乾淨，避免穢氣滋生，同時加置水晶碎石或是水耕植物吸收穢氣，養成隨手關廁所門的習慣，加置一條九分長的布門簾，這些都是阻隔穢氣對流的根本之道。另外，針對梳妝台與廁所的相對位置，還可以加裝一些防護措施。

★破解法：

緊貼廁所牆壁的梳妝台，可以在梳妝台和廁所牆壁之間貼一塊防潮布。緊鄰廁所門的梳妝台可以在靠近廁所門的方向，加置一個側面玄關，阻隔穢氣流出污染到梳妝台的氣場。正對廁所門的梳妝台鏡台選擇可關閉式的，或是用布幕垂蓋鏡子，防止廁所門被反射成兩個門。

解決了廁所的問題，接下來梳妝台還可能出現與其它門窗的禁忌，像是禁忌緊貼房間門或是禁忌梳妝台正對、人背對房間門。通常有這種情形發生時，另一半的私房錢往往會因爲先生或是太太等家人事業失敗或是急需用錢，把私房錢拿出來當救命丹。因爲房間門是個人通往家中共用場所的通路，所以如果梳妝台緊貼在房間門旁，就像看門的警衛亭一樣，房門一開空氣對流沖到梳妝台，私密的地方見光、走光。等於私房錢被家人窺知，挪用、借用、佔用，導致辛辛苦苦存的私房錢，最後都被家人花用。破解方法可以在房門內靠近梳妝台這側，加置一個側面玄關，阻隔空氣對流不打亂梳妝台的氣場；或是在房門加置一條九分長的布門簾。正對房門的梳妝台的鏡台也可以選用可關閉式的，或有布幕可以垂蓋，防止房門被反射成兩個門。

窗戶和房門一樣，也是空氣對流的通路，所以這部份的禁忌和前面相同，但是因爲窗戶代表的是非正式的對外出口，影響也大不同，差別在於窗戶的禁忌，導致私房錢的損失因素主要來自於外界的人、事、物，而與房門產生禁忌的話，導致私房錢損失的因素大多是來自於家人。

記得多年前曾經幫一位富商太太看風水，走入臥房發現梳妝台就是正對窗戶。我問她是不是有過被人騙錢的經驗，她才很不好意思的告訴我，因爲一時貪心被當時的投資公司「鴻源集團」騙走了不少私房錢，一直都不敢讓老公知道。

因爲梳妝台正對、人背對窗戶時，窗戶的光線和空氣對流，容易將梳妝台的氣沖散或吸取奪走，讓私房錢的私密被外界見光、走光，所以會發生私房錢被欺騙損失。

既然梳妝台的鏡子不能正對窗戶，有人乾脆就把梳妝台的背面緊貼窗戶，整理儀容時，人就不會背對窗戶，而是正對窗戶了。這樣還是觸犯了梳妝台的禁忌，破財的理由和剛才的個案有點不同，有一位上門請教風水的年輕小姐，聊到家裡的梳妝台就是緊貼著窗戶。結果只要手邊存了一點私房錢，就會想要出去逛街，看到喜歡的東西，不管用不用，絕不手軟，一定要把錢花光爲止。聽起來可能是很多「愛買族」女性的寫照，因爲梳妝台緊貼、正對窗戶，窗戶的光線和空氣對流，直接衝擊到私房錢，當然會受不了外界的引誘，存再多的私房錢也會被花光光。

養成隨手關閉窗戶的習慣，同時裝設可隔光的窗簾，阻絕光能、隔開氣流，減低對梳妝台的影響。同時還可以在梳妝台上掛置一把五帝錢綁成的金錢劍，不過要注意，雖然金錢劍沒有尖銳的造型，但是還是屬於劍類，每天接觸還是會有煞氣，最好用布蓋住比較好。

【風水如何自救？】

Q1：梳妝台位於樑下，雖然有天花板隔開，但是會不會有影響？

A：梳妝台在樑下或是緊貼柱旁都不好，因爲承受樑或柱的重壓力結構，會導致存私房錢的人心驚膽跳，害怕被發現。身心背負極大的恐懼壓力，當然就不能從容自在的發揮理財的才能。破解方法除了你目前採取的方式，直接用天花板隔開，還可以在樑下或是柱面裝設一個朝天壁燈，打向樑或柱面上，讓光能將樑柱的重壓力抵擋反推回去。

Q2：前面的風水佈置禁忌我都有注意迴避，但是問題是梳妝台剛好在冷氣口下方，冷風在梳妝台上吹呀吹的，每到夏天我就覺得私房錢會因爲莫名其妙的原因被花掉，是不是跟冷氣出口有關係呢？

A：沒錯！梳妝台位於冷氣口下，冷氣吹呀吹、轉呀轉，把私房錢都吹掉了。破解方法是改變冷氣的出風口，盡量讓它平吹或是上吹，就是不要往下吹，或是在冷氣下方裝設一個小夜燈，讓光能隔開冷氣對梳妝台的影響力。

Q3：我的臥房空間不大，梳妝台剛好正對著床，所以每次化妝都是背對著先生，覺得他的眼睛好像在背後盯著我看一樣。說來也怪，我只要一藏私房錢，就會被先生發現或是識破，是梳妝台位置有問題嗎？

A：被監視的感覺的確會影響到存私房錢的運勢！因爲梳妝台和鏡子正好對照著床，夫妻的影像一起進入梳妝台鏡中，所以先生對太太的私房錢具有很高的敏銳度，當然很容易一眼就識破囉！破解方法可以在梳妝台鏡子加置一個布幕，使用時才打開，或是改成可關閉式的鏡台。

【開運納財ＤＩＹ】佈置紙鎮守護私房錢

梳妝台的桌面保持乾淨整齊，可以招納財氣。想要進一步鎮住財氣的話，還可以放一個天然水晶製的紙鎮，或是銅製品也可以。底部用紅色油性的簽字筆，寫上一個「罡」，再用吹風機高溫或是打火機在文字上烤一烤。

【蔡老師的叮嚀】

梳妝台很容易移動，所以破解禁忌的梳妝台，移動是最好的辦法。另外也可以在梳妝台桌面明顯的位置，放置一顆圓球形的「白、茶或紫水晶球」，鎮住梳妝台的私房錢，同時抵擋煞氣。

招財撇步三：增強私房錢的梳妝台

排除前面的禁忌，創造私房錢還是需要有智慧和能力，否則空守著梳妝台，仍舊存不了私房錢。特別是女性朋友，時代已經不同，積蓄私房錢的觀念也要隨著改變，不爲人知的私房錢，不代表只能擺在抽屜、衣櫃或是銀行保險箱。應該要學習更聰明的理財方法，讓錢滾錢，帶來更多財富。

如何讓自己的理財頭腦清楚？增強私房錢的金額，除了廣泛涉獵理財的知識，這裡也要教大家利用水晶助長存私房錢的能量，讓一點一滴省下來的私房錢，有機會滾成爲數可觀的大錢喔！

花開富貴—天然白水晶雕件
（蔡上機開運水晶典藏館提供）

想讓私房錢的安定性、穩定性更佳的人，可以在梳妝台上或是抽屜裡放一個白色水晶的擺設品。想把私房錢轉投資獲利的人，可以在梳妝台上或抽屜裡放一個黃色水晶、黃髮晶、黃兔毛水晶的擺設品。已婚的人想藉著婚姻關係多存一點私房錢，可以在梳妝台上或抽屜裡放一個天然紫水晶的擺設品。未婚的單身男女，想藉男女愛情關係多存私房錢的話，也可以在梳妝台上或抽屜裡放一個天然粉水晶的擺設品。

天然紅幽靈水晶

如果你沒膽量存私房錢，可以在梳妝台上或抽屜裡放一個紅色水晶，增加勇氣，像是紅髮晶、紅幽靈水晶、紅兔毛水晶的擺設品。時常擔心害怕私房錢被發現的人，也可以在梳妝台上或抽屜裡放一個茶黑水晶、黑髮晶的擺設品。

最後要是覺得自己沒有理財的智慧、腦筋，不擅長理財規劃的人，可以在梳妝台上或抽屜裡放一個綠幽靈水晶、綠髮晶的擺設品。或是已經是理財高手，但是一直突破不了存私房錢的機會或是金額，財運碰到困阻，也可以在梳妝台上或抽屜裡放一個鈦晶、金髮晶的擺設品，增強能量。

天然粉水晶

【開運納財DIY】佈置放大功能的凸鏡

錢永遠不嫌少，就算是不爲人知的私房錢，也會私心希望能有增強金額的方法，但是又不想太明顯，免得被人發現目的。建議你可以在鏡台上再架設一個有放大功能的凸鏡，並加上一盞壁燈或是小夜燈，照射在凸鏡中，達到擴大鏡子視野，增強凸鏡的放射力和視野亮度的效果。這樣一方面整理儀容細節像是畫眼線、睫毛膏或是拔眉毛、白頭髮時可以看得更清楚，更重要的是，還有增強私房錢金額的功能。

不要以爲私房錢無關緊要，所以忽略它的重要性，像我有位女性朋友，個性軟弱溫順，受到先生和公婆的苛刻，生活和經濟方面都受到很多限制，連採買日用品都要列出明細、發票才能報帳。跑來找我訴苦，擔心將來婚姻萬一生變時，自己的下場會很悽涼，因爲她手邊根本沒有私房積蓄。這才發現，原來她苦到連梳妝台都沒有，這就對啦！沒有梳妝台就沒有機會創造私房錢的來源。梳妝台代表私房錢，沒有梳妝台，或是梳妝台太古舊破爛的話，表示主人的私房錢會被孤立、勢單力薄，當然沒有存私房錢的機會。

所以我在這裡要提醒想存私房錢的朋友，購置梳妝台時，絕對不要馬虎，記得挑一個品質好、架勢足的梳妝台，才能爲自己創造更多不爲人知的財富。

【蔡老師的叮嚀】

想要讓私房錢財源滾滾，而且不被人發現，必須先排除梳妝台的擺放禁忌。再來考慮增強能量，像是天然水晶的擺設品，以圓球、三角蟾蜍、元寶、龍龜、印章造型或是配合使用人的生肖三合、六合之造型爲最佳。

表格二：梳妝台顏色vs.私房錢財運

梳妝台的顏色會影響使用人的視覺神經，傳達給腦神經、腦細胞，左右對私房錢處理的智慧和行爲力量。所以，如果你有添購梳妝台的打算，這裡提供一些關於顏色的開運撇步！

色系	材質	開運功效
黑色系	黑胡桃木色，黑色鐵刀木，黑色烤漆、染色等	增強保護隱藏私房錢
白色系	白色美耐板，白色烤漆、染色等	增強清晰的腦筋、幫助整理私房錢
黃色系	柚木色、樟木色，黃色烤漆、染色等	增強私房錢轉投資的獲利
紅色系	紅木色、紅胡桃木色，紅色烤漆、染色等	增強開創私房錢的勇氣
綠、青、藍色系	綠、青、藍色烤漆、染色等	增強創造私房錢的機智
紫色系	紫色、淡紫烤漆、染色等	增強利用婚姻創造私房錢的機會
粉色系	粉紅色烤漆、染色等	增強利用愛情創造私房錢的機會

第六章

佈置事業發達的大門

工作事業和人生前途看大門

「大門」指的是進入本宅的第一道門，對於本宅的風水影響重大。因爲大門內是提供庇護安全的家，大門外則是接觸人群的空間，而大門居於控制裡外的要衝，在風水佈置上，是人生事業和前途發展的重要象徵。

既然是關係工作事業的地方，大門的格局氣勢絕對不能遜色。最好造型看起來厚實穩重，因爲太單薄的大門就像是弱不禁風的身體一樣，不但容易生病，也無法增強創造前途的能量。另外，大門的尺寸也不宜太狹窄，雖然尺寸大小要視建築物的整體格局決定，但是基本上太狹小的大門會影響事業發展，意謂著你再怎麼努力也只能達到小成就，無法成就大功大業。

大門最好看起來厚實穩重

開運撇步一：

佈置有助工作事業順利的大門

除了大門的造型和尺寸會影響氣勢，想要幫助事業順利的風水佈置，照明也可以發揮舉足輕重的功用。懂得運用材質和光線，就能營造大門的格局氣勢，像光能就是視覺的能源，只要在大門外的天花板加強燈光或是打一盞明亮的燈光，照向大門，讓視覺充滿光明的能量，工作事業的推展肯定會更順利。反過來說，黯淡無光的大門則會造成工作事業的孤獨無依，失去貴人和助力，再怎麼賣力工作，都無法讓事業發達成就。

不過，別以爲只要在大門外天花板加設燈光，就能讓事業順利發達。還要遵守白光、黃光一比一的混合照射，也就是暖色系的黃燈泡和冷色系的白燈泡混合。因爲視覺接受白光時容易引起理性，接受黃光時則會激發感性，所以如果大門外的黃光太過度，工作事業容易過於感性而失敗。萬一兩者無法兼顧的話，大門的照明還是應該盡量以白光爲主。

最後要注意的是，位於本宅一樓的大門，因爲容易正對其它建築物，產生衝擊性的煞氣，爲工作事業帶來不良影響。所以想要事業順利發展的人，不妨在大門外的上端或者在大門外不影響外明堂空間的地方，擺設一些屏障。像是植栽、櫃子、圍牆，或是加裝採光罩、雨棚，讓大門有外凸物覆蓋保護，反制迎面而來的沖煞。

不過這些屏障擺設，記得要搭配空間

讓大門有外凸物覆蓋保護，反制迎面而來的沖煞

大小，考量視覺的舒適程度，不能對自己的大門或是外明堂造成壓迫感。比方說，明明是狹窄的空間，偏偏硬要設置櫃子，反而會引起反效果，讓事業發展被侷限壓制。

【開運納財DIY】增加大門的氣勢

擔心大門太單薄的話，可以選用厚實的材質，外框用亮面不鏽鋼素材。同時在大門上裝設一個凸透境，大門外的天花板上裝設一盞有玻璃燈罩的投光燈。在燈罩上用紅色油性簽字筆，寫一個「山」字，即穩如泰山的意思，打向大門的凸透鏡，利用光能及反射放大的力量將「山」字投射出去。

如果大門格局過於狹小，除了上述方法之外，還可以在燈罩上寫一個「盈」字，即是滿出來的意思。打向大門的凸透鏡，利用光能及反射放大的力量將「盈」字投射出去，也能增強能量。

【風水如何自救？】

Q1：進入本宅的門有很多道，究竟那一個才算是大門呢？

A：「大門」指的是進入本宅的第一道門，有些住家，從大門進來的前陽台有落地窗，這算是進入本宅的第二道門，稱爲「中門」；如果是一樓又有庭院或是別墅的話，還會有一個庭院的門，稱爲「外門」；公寓或是位於一樓供二樓以上進出的共用門，稱爲「共門」；大廈位於一樓供全大廈所有人進出的公用門，稱爲「公門」，無論是哪一種門，大門才是進出本宅的主要門。

Q2：想要自立門戶創業，如何佈置有利的大門？

A：創造事業要紮穩根本之氣，才能向上發展。大門可以把門檻橫條，改成銅製的建材，因爲銅具有很強的導電性和聲波，是風水上常用的建材，有助於創造事業的能量。

Q3：大門如果正對路沖，對事業的影響會如何？

A：不只是路沖，包括弓箭沖、箭頭沖、壁刀、屋角等衝擊類的煞氣，都會對大門氣場產生不良的影響，導致工作事業容易受挫失敗。破解方法可以在大門外掛置一把銅鑄五帝錢所綁成的金錢劍，並且在大門外天花板上裝設一盞有玻璃燈罩的投光燈，燈罩上用紅色油性簽字筆，寫一字「罡」字，打向金錢劍，藉由光能及罡氣、劍氣護守大門。

路沖

弓箭沖

開運撇步二：佈置有助升遷競爭的大門

現代人的居住環境，通常不是公寓就是大廈房屋，大門格局十之八九都是門對門。這樣的住家格局，如同兩個嘴巴爭搶著呼吸空氣，形成工作事業的競爭性，所以現代人的工作事業，也遠比以前居住在傳統三合院的古早人更加競爭。

這個時候，如果本宅的面積大於對面宅的面積，表示我方的肺活量比較大，容易搶吸到空氣，在事業工作方面也擁有比較強勢的競爭力。不過，別以爲把門做大就能解決問題，萬一本宅的面積過小，或是門改大會影響到建築的支撐結構，就應該避免隨便施工改變大門的尺寸。不妨運用另一個方法，在大門外的天花板上打一盞燈照向大門，透過光能擴充，也能達到同樣的效果。

另外提到升遷，讓我聯想到關於電梯升降、上下樓梯的風水佈置對大門的影響禁忌。如果大門緊貼或是正對樓梯，會讓工作事業出現許多枝節狀況，因爲樓梯是手腳走動勞苦的地方，出入樓梯的氣容易沖散大門外的氣場，使得工作事業勞碌奔波。結果不但是失去升遷表現的機會，反而疲於奔命解決狀況。

藉由光與盆栽反制樓梯正對的沖煞

★破解法：

在大門和樓梯之間，擺一盆植栽，可以阻擋門和樓梯之間空氣直接的對流。或是用亮面不鏽鋼材質的大門，達到反光反射的效果。另外，大門外的天花板打一盞燈，燈光朝向樓梯，也能藉由光能反制樓梯正對的沖煞。

【開運納財DIY】增加大門的能量

在大門外的左右任何一側，擺設去葉見梗三層或者五層式造型的開運竹，每一竹梗上可用紅色簽字筆寫上「陞」字，展現節節高陞的氣勢，藉由植物的生命力，增添大門風水的能量，讓自己在事業工作的經營發展，擁有更優勢的競爭力。

【風水如何自救？】

Q1：最近有機會升官，但是公司裡面競爭對手很多，要如何掌握升遷的機會？

A：佈置有助事業競爭力的大門，可以在大門外擺設不具殺氣的金錢劍，並且將大門外的燈光打向金錢劍。因爲劍是防身、攻擊的武器，有助於鎮守工作和事業不受侵害，同時也能提升競爭力，和同業、同事角逐發展升遷的機會。

Q2：不曉得是不是門太大，還是方位有問題，感覺出門總是迎面一陣強風？

A：強風長期吹刮大門，會讓工作事業常遭受逆境的侵襲和打擊。趕快找出強風吹刮大門的因素，改善狀況，是最簡單的辦法。另外，建議可以在大門外的天花板上裝設一盞有玻璃燈罩的投光燈，燈罩上用紅色油性簽字筆，寫一字「罡」字，打向地面，用光能和罡氣護守大門。

Q3：大門緊貼或正對樓梯不好，那麼如果樓梯換成電梯呢？

A：大門緊貼或是正對電梯也會造成損害，上上下下的電梯，氣流容易因爲上下沖刷，導致工作事業受到環境的牽制，原地踏步、無法施展。破解方法很簡單，就是在大門和緊貼的電梯之間，擺一盆植栽，阻隔空氣直接的對流。如果是正對電梯的話，除了擺設盆栽，還可以選用亮面不鏽鋼材質的大門，讓大門有反光反射的效果。或是在大門外的天花板打一盞燈，將燈光朝向電梯，藉光能反制電梯正對的沖煞。

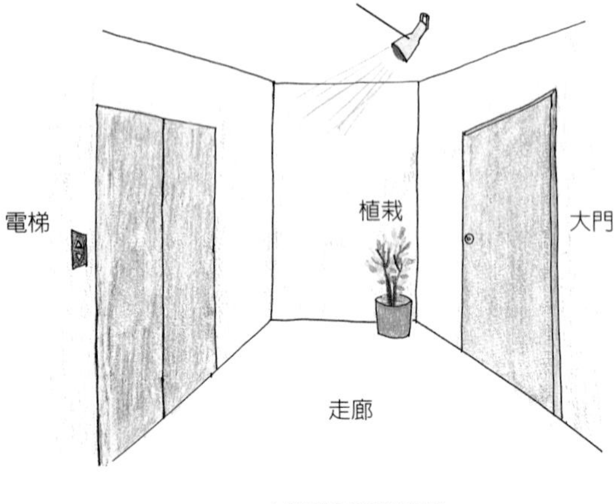

大門禁忌正對電梯

開運撇步三：

佈置能突破工作事業困境的大門

我在這裡還要提醒大家，幾個容易產生工作困境的大門禁忌。像是大門禁忌緊貼或是正對逃生門，因爲逃生門是陰暗沒有人氣的地方，導致工作上有小人扯後腿的情況，工作事業的錢財也容易被掠奪或剝削掉。大門禁忌正對消防栓，消防栓是半隱藏的突出物，表示在工作事業的周圍，有半隱藏性的挑戰者蠢蠢欲動，準備將你擊落並取而代之。

★破解法：

在大門和緊貼、正對相沖的門之間，擺一盆植栽，擋隔空氣直接的對流。或是用亮面不鏽鋼材質的大門，讓大門有反光反射的效果。其它像是在大門外的天花板打一盞燈，燈光朝向逃生門，藉光能反制逃生門正對的沖煞。還有裝置一個凸透鏡，照向消防栓以反制沖煞，都能達到效果。

另外關於大門上端橫樑直穿入宅的禁忌，則是另一種情況。橫樑從宅門外直搗而入宅內，稱爲「穿宅煞」或是「穿喉煞」。這種大門格局容易導致工作事業產生重大變故，嚴重損害錢財，甚至一敗不起、家道中落。其它像是橫樑壓大門的禁忌，如同橫樑壓在嘴巴上，想要進食都很困難，更何況是開展事業，造成在工作上背負沉重的壓力，讓自己喘不過氣來。

大門上端橫樑直穿入宅，可以用裝潢把門裡門外上的橫樑包覆起來，避免煞氣。或者在大門裡外樑下的牆壁裝設一盞朝天燈，打向橫樑，並且在壁面上擺設一盆竹梗式的開運竹，每一根梗上各寫著一字「罡」字，往樑處反撐頂回去。利用光能、植栽和「罡」氣的能量，將橫樑的煞氣反制回去。

所以當工作事業面臨困逆阻境的時候，可以利用伸張大門的氣場和能量來幫助突破困境。除了前面提到使用不鏽鋼的亮面反光建材，或是反光面板、飾條的裝飾，讓大門自然伸張氣勢和能量。也可以在大門外的天花板裝設一個吸頂式的朝天燈，打亮整個天花板。或是在大門外的左右兩側牆壁各裝設照射牆壁的洗壁壁燈，打亮兩側的牆面，都能達到不錯的效果。

最後不妨檢查一下大門有沒有生鏽，或是看起來很髒亂，例如臭鞋滿地、卡蜘蛛網。因爲大門穢氣重，工作也容易出現疲乏倦怠的現象，無法從中感受到樂趣，工作變成痛苦的煎熬。改善的方法是定期爲大門除鏽保養，同時勤快打掃，將污垢擦乾淨，門口的鞋子也要經常清洗，並且收拾放置在鞋櫃內。

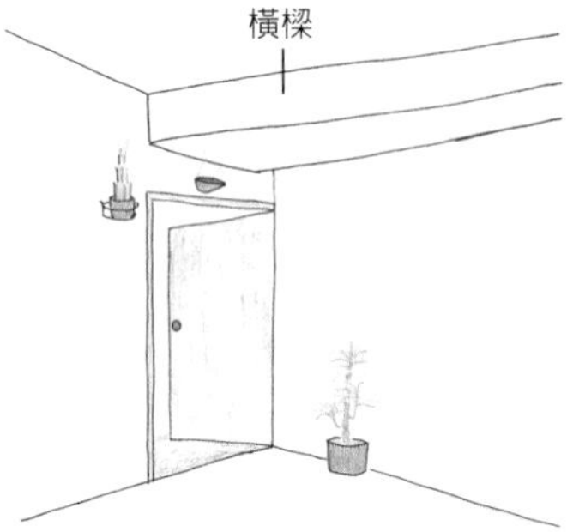

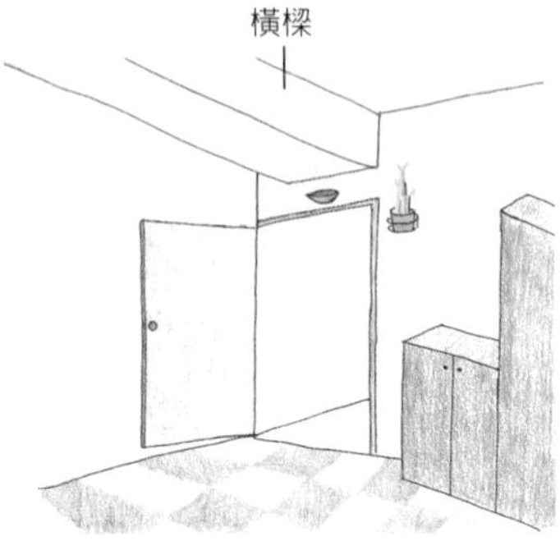

【開運納財DIY】尋求貴人相助

突破困境除了靠自己，也可以尋求貴人相助。用兩片正方形黃色或黃金色布，毛筆寫或是刺繡寫上紅色兩字「魁、鉞」，因爲「魁、鉞」在紫微星宿中，「魁」爲陽性貴星，「鉞」爲陰性貴星。然後將文字顯示在袋外，縫成一個四方袋，內裝乾燥香水花，袋口束緊，用吹風機高溫烘吹文字部位，掛在大門外，並且用燈光投射，可以催促貴人好運的到來。

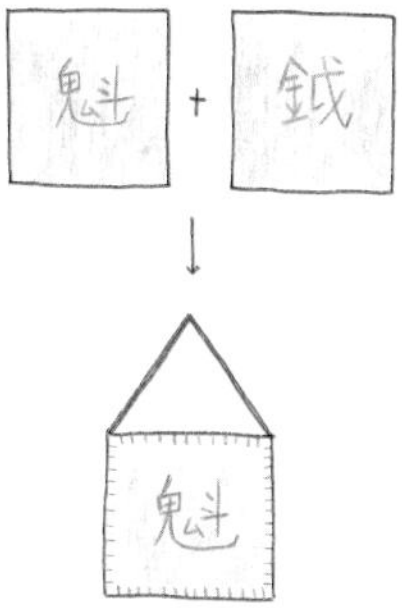

用吹風機烘吹文字

香包掛在大門外，以燈光投射

【風水如何自救？】

Q1：聽說大門正對電線桿，對事業的升遷會有阻力，眞的是這樣嗎？

A：沒錯！不只是電線桿，包括高壓電塔等阻擋類的煞氣，正對大門都會引起損害，導致工作事業像陀螺般，一波三折、原地踏步。破解方法與前面所提的路沖相同。

Q2：大門最近因爲老舊常會無緣無故卡住，對於事業風水會造成影響嗎？

A：大門容易卡住的原因很多，最好盡快查明改善，讓它早日恢復正常。因爲如果是大門絞鍊損壞的話，工作容易出現不穩定的狀態，事業的運轉也會產生危機。萬一眞的已經老舊不堪使用時，就應該把大門換新。

Q3：大門口抵擋煞氣的植物，要種植那一種比較好？

A：盡量以木本植物爲主，這樣才有支撐對抗的力量。不要種植草本植物或是爬藤類的植栽，柔嫩搖曳的姿態雖然美麗，但是無法抵擋住對沖的煞氣。

木本植物可以抵擋大門口煞氣

大門口種植草本植物無法擋煞

第七章

佈置幫助考運、科運的書房

書房和書桌代表文昌考運、科運和工作潛能

「文昌」位從風水而言，就是左右念書、考試、登科的地理位置，也就是所謂的「考運、科運」。這裡所指的念書、考試、登科，並不是狹義的限定升學、考試，而是泛指一般的升職考試、公務人員資格考試、升等考試、技師專業證照考試以及面試、選舉等。

爲什麼文昌要看書房和書桌呢？因爲這兩者都是我們念書、辦公，需要動腦記憶的地方，所以環境的好壞與否，會直接影響到念書、居家辦公的情緒和品質，當然也會關係到念書的成績以及工作的成就。

書房和書桌代表文昌考運、科運和工作潛能

開運撇步一：
佈置有助考運的書桌

想要求取考運的書房，最大的功能當然是用來念書。大家都知道把書念好的訣竅就是專心，所以書房風水佈置的首要原則，就是避免在書桌上擺放會讓自己分心的東西，像是鏡子、梳子、指甲刀、修容、化妝保養品等等。很多人喜歡一邊看書一邊修剪指甲，或是眼睛瞄到鏡子裡面有白髮或是分岔髮尾，隨手拿起剪刀就開始修剪。雖然都是些小動作，但是卻會嚴重影響心神專注，千萬不可以輕忽大意！

可能有人會說，自己明明很專心念書啊，卻老是記不起來，才看過就忘記，眞是傷腦筋！關於增強記憶、加強吸收理解力這方面的佈置，我建議大家書房內選用比較光亮的白色，讓理性的冷色調幫助心神的理解吸收力。也可以嘗試在念書時搶搭時下最流行的芳香療法，點上天然薰衣草或是紫羅蘭的薰香精油，除了香氣可以刺激嗅覺神經之外，最主要是因爲紫色對於安定心神，有很大的幫助。

不過有一點要非常注意，就是保持室內空氣對流舒暢。因爲薰香精油在燃燒過程中需要氧氣，萬一空氣不流通，氧氣快速循環的結果，會導致空氣稀薄，頭腦反而會因爲缺氧變得昏昏沉沉，更不用說幫助記憶了。

天然精油芳香療法是提升精神的方法

【開運納財DIY】增加書房的考運

考運好壞有時候和碰上的考題也有很大的關係，所以很多人會花時間猜考題、或是翻閱考古題準備應試。其實從風水佈置下手，也能幫助抓考題，增加考運喔！用一張黃色的四方紙，中間寫著紅色「魁鉞」兩字，然後用打火機或是吹風機，高溫在文字上烤一烤，貼於書桌抽屜的底面，文字朝向地面。

還有一招可以搭配進行，每次要開始念書時，用劍指的指尖，緊貼在左腳底書寫天魁星的「魁」字，在右腳底上書寫天鉞的「鉞」字。因爲天魁、天鉞在紫微斗數裡面是主管科甲貴名的陰陽性星宿，可以讓你的頭腦對於考前猜試題，靈感倍增喔！

【風水如何自救？】

Q1：家裡有準備參加甄試的兒子，爲了讓他專心，已經把書桌上整理淨空，但是覺得效果有限，還有沒有方法可以增加專注力？

A：可以在書桌上，兩眼視線最常交會停留的地方，放一顆天然白水晶圓球，或是使用天然白水晶小圓珠串成的坐墊，讓承受身體重量的水晶，激發出更多能量，幫助心神專注、擴大潛在的智慧。

Q2：我們夫妻倆都是公務員，經濟不算十分寬裕，買的房子空間不大，沒有獨立書房，只好睡房兼書房，這樣會不會影響晉升的考運呢？

A：當然會！因爲念書或是居家辦公都需要理性的情緒，才能全力以赴，創造學業工作的好成績，但是睡覺時

天然白水晶球

需要感性情緒才可以輕鬆入眠。所以書房的佈置和氣氛以理性爲主導，臥房則是重視感性，如果把書桌和睡床擺在同一房間裡使用，理性和感性的氣場會互相影響。結果念書或辦公時，看到旁邊的睡床，就容易有睡覺的念頭；睡覺時，看到旁邊的書桌，也會感受壓力影響睡眠。

不過如果受限於空間太小無法有獨立的書房，也可以透過燈光改變氣氛，念書時盡量選擇亮一點的白光照明，增強理性壓抑感性；睡覺時再以黃色照明爲主。

念書或是居家辦公都需要理性的情緒，才能全力以赴，創造學業工作的好成績

開運撇步一：

佈置有助科運的書桌

科運的範圍比考運更廣，意思是登科、上榜、當選或是名譽聲望受到表揚等名利成就，因此會影響科運的外在力量也隨著增加。所以在說明有助於科運的書桌之前，我要先跟大家提醒幾點書桌佈置的禁忌，避免外在力量對於書桌的科運造成損害。

首先，書桌不能在樑下或是貼柱。樑柱承受房屋的沉重壓力，如果把書桌擺在樑下或是緊貼在柱旁，容易因爲太多的壓力，導致考運、科運、工作潛能的成效不彰。

★破解法：

移開是最簡單的方法，萬一不行的話，也可以在書桌的樑下位置或是貼柱的地方，擺設一盞朝天燈投向橫樑，或是照壁燈投向壁面，藉著光能的力量將樑柱的重壓力反推回去。還有一個方法是書桌上擺設開運竹，藉著植栽的生命能量，把壓力頂回去或是吸收樑柱的重壓力。

還有關於門窗的禁忌，像是書桌不能正貼或是背貼窗戶，窗戶屬於本宅對外非正式進出口的通路，代表外界

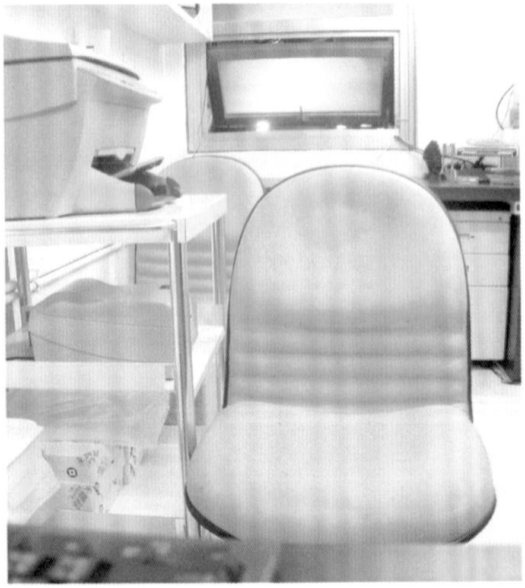
書桌不能正貼或是背貼窗戶

的誘惑。如果書桌正貼或是背貼窗戶，容易因爲外界的引誘或是感情桃花的事情，損壞考運、科運、工作潛能。另外，書桌也不能正對或背對房門，書房門是書房通往宅內各處的出入口，當書桌正對或是背對書房門時，考運、科運、工作潛能，容易受到家人不良、不當的左右影響。

移開是最好的方法，但是如果不能移動時，養成隨手關窗關門的習慣也可以減少影響。或是窗戶裝設一個可隔光的窗簾、書房門加置一片九分長的布門廉，阻隔空氣對流，如果空間許可的話，還可以在書桌與房門之間裝置一個玄關屏障。

【開運納財DIY】增加書房的科運

在書桌上擺設一盆五層式去葉露梗的開運竹，開運竹屬木，藉由五行相生，所以植栽數量只要是屬火的2、7，或12、17等個位數都可以。加上每根竹梗上都用屬火的紅色油性簽字筆，寫著自己的姓名，下面再加一個字「鰲」，代表著竹節高升，期許自我能爆發出獨占鰲頭的能量。

在書桌上擺設一盆五層式去葉露梗的開運竹，代表著竹節高升，期許自我能爆發出獨占鰲頭的能量

【風水如何自救？】

Q1：我是人人稱羨的文字SOHO族，但是最近對於工作一直無法產生熱情，每次坐在書桌前就覺得懶洋洋的，胡思亂想無法專心，怎麼辦？

A：佈置能幫助工作潛能的環境，像是在書桌上，兩眼視線最常交會停留的地方，放一顆天然茶色或黑色水晶圓球。或是使用天然茶或黑水晶小圓珠串成的坐墊，因為茶或是黑水晶的能量可以幫助靈性、領悟力的提升，透過承受身體重量的水晶，可以激發更多能量，讓工作潛能釋放表現在工作上。

Q2：偶爾老公一時「性起」，會要求在書房做愛做的事情，這樣會不會產生不好的影響呢？

A：最好不要把書房當洞房，在書房享受男女之歡會養成慣性。因為有了這方面的經驗之後，日後在書房念書或是辦公時，心思容易牽動性方面的慾望，擾亂念書或居家辦公的品質。如果太沉醉於情色，在男女關係花費太多精神、體力和時間，自然對於工作事業的表現就會出現扣分。破解方法可以在書房中擺設具有殺氣的擺設品，例如刀劍類，藉此沖淡性的慾望。千萬不要擺設過於性感的海報圖畫，避免分心。

第八章

佈置幫助升遷、加薪的辦公桌

辦公桌是升遷、加薪的致富之路

除了公務員可以透過升職、升等考試獲得拔擢晉升之外，一般領薪水的上班族，想要升遷、加薪，還是要靠工作的表現、主管和老闆的賞識，以及周圍貴人的提拔。這方面的風水佈置，都和工作有直接關係，主要是看辦公桌！

印象中上門來請教風水的朋友，最關心的位置也是所謂的辦公室，包括辦公桌椅的陳列方位和裡面的擺設品。不管是老板還是員工，人人對此都謹慎小心，爲的是什麼呢？無非是想要在工作事業上爭取更大的舞台、獲得晉陞加薪、掌握權力。我也曾經碰上不少「英雄好漢」，自覺在工作職場無用武之地，懷才不遇、或是遭受被降調、減薪、革職的人，專程前來我這裡尋求破解之道，答案雖然因人而異，但是最重要的，還是在辦公桌的風水擺設。

辦公桌是升遷、加薪的致富之路

開運撇步一：
佈置幫助升遷的辦公桌

每次到人家的辦公室，我都會好奇的留意落單的辦公桌，看看是什麼樣的人在此處辦公。因為基本上公司是一個群體的小社會，所以辦公桌絕對不能形單勢孤，離開人群的奧援，想要升遷談何容易。

這裡指的並非是老闆或是主管的辦公桌，因為這兩者身份不同，風水佈置另有學問，不能和一般員工相提並論。我們先以普通上班族為例，無論在獨立辦公室，或是多個辦公桌的空間，坐在小桌子、或是氣勢孤零、獨處一角的員工，工作發展上也是孤掌難鳴、不得助力。通常都是被冷落、貶職的份，加薪或是升職的好康，絕對輪不到。

★破解法：

選擇辦公桌的左右一側、桌前靠牆，或是後背，務必讓其中一方有依靠物。同時把桌子換大一點，或是盡量加一個輔助櫃，讓桌子感覺變大。如果前面提的方法都無法施行的話，也可以在辦公桌旁邊加置一盆落地式的盆景，藉由植物的生命能量壯大辦公桌的氣勢。

注意喔！如果辦公桌太小時，選擇的植栽也不可以過大，這樣非但無法助長辦公桌的氣勢，反而會讓坐在那裡的人產生壓迫感。

不只是植栽大小要和辦公桌搭配，我常碰到的問題還包括空間大小和辦公桌不搭配，例如明明辦公空間很狹窄，卻買了一個超大的辦公桌，結果使得空間更狹窄壓迫，這叫做物體剋（侵）空間。導致工作事業如同辦公桌一般，雖然付出很大的辛苦和代價，但是發展空間卻像狹窄的辦公空間，得不到發展、伸展的舞台，自然想要升遷加薪的人，也等不到好機會。

除了把辦公桌換成和辦公空間成比例大小的桌子，將辦公桌面清理乾淨，也是一個不錯的方法，桌上不要堆放太多雜物，讓空間或是視線產生阻礙。

在辦公桌旁邊加一個輔助櫃，讓桌子感覺變大

【開運納財DIY】增加辦公桌的升遷運勢

在書桌上擺設一盆五層式去葉露梗的開運竹，開運竹的數量是屬火的2、7，或12、17等個位數是2或7的數量皆可，透過五行相生，開運竹屬木生火，加上每個竹梗上都用屬火的紅色油性簽字筆，寫著自己的姓名下面加「魁」字，激發自己竹節高升、奪魁居冠的能量。

或者是在辦公桌上擺一座約略拳頭寬六角尖頭型的天然綠幽靈水晶柱，或小型六角尖頭型、金字塔型的天然綠幽靈水晶柱塔，擺設成七星陣，有助於激發自己在工作事業的智慧和創造力，向職場的金字塔頂端攀升。

開運撇步二：

佈置幫助加薪的辦公桌

很多人喜歡在辦公桌上養魚或是種水耕植物，不但美觀，也能達到風水佈置的效果。因爲辦公桌有水、魚、植栽等流動的能量，可以增加財氣。不想麻煩的人，也可以擺一個小型流水盆，盆底鋪天然黃水晶碎石，同樣代表著財氣的流動。或是在辦公桌上擺設一盤圓球型天然髮晶球的七星陣，對於助長工作事業方面關於加薪、業務、業績的財運，都會帶來工作生財的活力，對加薪產生幫助。

不過，老闆決定加薪與否，除了評估員工的熱情和活力，最重要還是看平日的工作表現。像我有一位朋友，每年領的紅利獎金和年終獎金都是部門內的前幾名，想要維持這樣的工作績效可不容易，因爲除了努力工作，

天然綠幽靈金字塔七星陣

他也非常注意風水佈置的禁忌，避免讓工作產生阻力，自然能將事情順利完成，績效當然開紅盤囉！

這些辦公桌擺設禁忌包括辦公桌不能正貼或是背貼窗戶，因爲窗戶是對外非正式的通路，工作時容易心不在焉、心神不寧，甚至容易發生辦公室外遇，職場出現桃花紛擾，導致無心工作、績效不彰。

★破解法：

移開是最好的方法，萬一無法移動時，記得養成隨手關窗的習慣，同時裝設一個可隔光的窗簾，並且在窗外掛一把銅鑄的模型劍，可阻隔外界能量的影響力。

和書桌的禁忌相同，辦公桌也不能正對或背對門，空氣從門口流入，容易沖刷辦公桌位影響氣場。背對門的話，工作方面會有不安全感，表示暗

辦公桌不能正貼或是背貼窗戶，工作時容易心不在焉、心神不寧

中隱藏的衝擊：正對門的話，會產生視覺上的壓力，表示迎面顯現而來的衝擊。例如正、背對會議室門，表示將受到公司在政策決議時的負面衝擊。正、背對廁所門，表示工作將背負爛攤子或是黑鍋。正、背對茶水間、廚房門，表示將背負工作上的勞苦差事。正、背對後門，表示容易被公司解職、淘汰。正、背對老闆或其他人的辦公室門，表示容易被該辦公室的使用人找麻煩。

移開辦公桌是最好的方法，當無法移動時，可以在辦公桌和門之間裝置一個屏障，或者在辦公桌上擺設一個六角尖頭晶柱形的天然水晶。盡量擺在桌面比較高的位置，讓辦公桌的氣勢凸顯拉高，如同金字塔的標地，象徵守護辦公桌的精神中心，又可以利用尖銳物抵擋反制門沖的煞氣。

天然紫晶柱七星陣一智慧之光，才思敏捷

【開運納財DIY】增加辦公桌的加薪運勢

想要幫助加薪、創造業績的人，養魚最好是養黃色、黃橘色或黃金色的魚，數目以九條爲佳。或者是準備一個銅製或陶瓷甕，底部放新台幣一元、五元、十元、五十元各數枚及仿古的五帝錢一組，最上面再加一張面額最高的新台幣紙鈔，用天然黃水晶碎石舖約八分滿，上面可放一顆天然髮晶球。佈置一個這樣的聚寶盆，放在辦公桌腳下的位置，就能增強加薪的運勢。

幣值由小到大都有，代表不管加薪的數字是多還是少，這種好康都會發生在身上，面額最高的紙鈔，當然是象徵錢愈多愈好囉！至於只要裝滿八分，是希望還有繼續加薪的成長空間，放在腳底隱密地方，不但可以就近看管，也可以避人耳目，財不露白才能積存致富。

【風水如何自救？】

Q1：辦公桌不能對門窗，可以對走道嗎？

A：辦公桌最好不要正對或是背對走道，就像房屋犯路沖一樣，走道上人來人往頻繁，容易干擾工作情緒，影響工作成效導致挫折。下場可能是因爲無法勝任工作，而離職、免職或是調職。破解方法可以擺設一盆落地式的植栽，高度要比桌面高，利用植物的生命能量擋開走道對辦公桌的沖煞。

Q2：我的辦公桌上方有樑，感覺不太舒服，對升遷也會造成影響嗎？

A：當然！辦公桌如果擺在樑下或是緊貼在柱旁，會承受吸收建築物的重量，導致工作事業要背負承受很大的壓力。疲於應付的結果，往往會因爲無法解決瓶頸，遭受打壓調職、降薪，或者自動離職。破解方法可以在辦公桌上、樑下或是貼柱的地方，擺設一盞朝天燈投向橫樑，或是照壁燈投向壁面，藉由光能的力量將樑柱的重壓力反推回去。或者是擺設開運竹，藉著植栽的生命能量，將壓力頂回去或是吸收樑柱的重壓力。

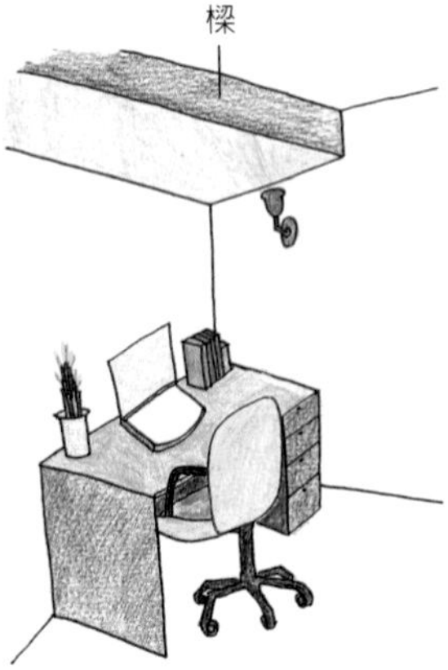

辦公桌上不宜有橫樑，可用燈光投射反制重壓

招財撇步三：
佈置符合身份的辦公桌

因爲老闆、主管、員工扮演的功能、身分有所不同，所以在辦公桌的風水擺設，也有不同的方式和規模，懂得佈置符合自己身份的辦公桌，才能眞正帶來好運，減少工作事業的阻力。

老闆辦公桌的擺設：

1　一般店面的賣場

因爲營業坪效的關係，所以一般店面賣場老闆的辦公桌，通常很簡單。除了會計之外，也不需要準備其他員工的辦公桌，所以辦公空間會比較窄一點，頂多一、兩張辦公桌而已。在這種環境條件下，老闆的辦公桌可以選擇居於內側、面牆，或者是背牆，同時和其他辦公桌面對面的相貼。記得，老闆的辦公桌絕對不可以比其他人的辦公桌小。

2　專業工作室

例如律師事務所、會計師事務所、代書事務所、建築師事務所、裝潢設計師工作室、命理工作室等，因爲老闆的專業、名氣和形象等於是事業的金字招牌，也代表著財運的開發能力。所以爲了樹立老闆的專業形象、並且有拓展事業的空間，絕對必須要有獨立的辦公室。同時辦公桌的座位一定要背牆，這樣前面才有寬廣的明堂空間，用來伸張專業與事業的旺氣。

3　小型公司

通常小公司的空間不會太大，老闆的辦公桌適合與員工共處、接近員工。因爲員工不多，規模不大，比較難用制度式的管理，所以採取人治方式來管理公司的老闆，辦公室的佈置最好也是就近看管。老闆的辦公桌座位背牆，桌面前方垂直，員工辦公桌面對面相貼，左右一字排開來。

如果說，公司空間夠大的話，老闆辦公桌在獨立隔間內，最好也採用可以目視、接近員工的位置，或是隔牆設置透明玻璃，有助於老闆對於公司員工的管理，幫助事業蒸蒸日上。

4 中型公司

由於規模具體，主管階級也很清楚，公司管理傾向制度化。這時候，老闆的獨立辦公室就不需要和基層員工擺設在一個空間裡。不過老闆需要掌管督導一級主管，所以老闆的辦公室必須要和一級主管擺設在同一個空間裡面，有助於老闆運作各位一級主管，發揮角色功能，推展公司事業的發達。

5 大型公司

規模組織龐大，需要制度化的分層管理，所以老闆的辦公桌不但需要獨立空間的辦公室，氣勢格局還必須要夠大，才能鎮壓得住全公司的員工。最好是遠離基層員工辦公的區域，讓員工群眾對老闆有一種近在身邊、遠在天上的感覺，心生景仰，形成一種無形的精神管理。

大型公司的老闆辦公室要有獨立空間，並具精神管理的氣勢

【開運納財DIY】佈置老闆的辦公桌

無論是哪一種老闆，辦公桌的面積一定要大於其他員工。最好有一個獨立的辦公室，辦公桌座位背牆，面前有寬廣的明堂空間是最佳的佈置。辦公桌上擺設天然水晶製或銅鑄的紙鎮、拆信刀、模型刀劍，天然水晶柱、七星陣等，可以增強老闆的領導權力與能力，號召公司上下員工，開疆闢土，創造事業佳績。

主管辦公桌的擺設：

這裡所謂的主管，可能是一人之下，千人之上，也可能是數人之下，萬人之上。但是切記一個原則，如果老闆或是更上級的主管沒有獨立的辦公室，就算身爲主管，也絕對不能擁有獨立的辦公室，否則反臣爲君，勢必遭受剷滅，這個主管的位置肯定是坐不久的。

還有一點也要注意，主管的辦公桌如果在獨立的辦公室裡面，辦公桌和辦公室面積，一定不能大於老闆或是更上級以上的主管桌，否則氣盛震主，容易受到貶斥，導致被調職的命運。不過，身爲主管，辦公桌和辦公室的面積，也一定要大於下級主管以及員工的辦公桌，否則氣難壓衆，會被下屬取而代之。

如果不是專屬個人的獨立辦公室，謹守本份的學問就更重要了。首先辦公桌或是辦公室不能在老闆或是更上級以上主管的後面，因爲看不見，所以這個位置容易被忽視遺忘，不容易被重用；也不能在老闆或是更上級以上主管的前面，這個位置是

銅鑄的青龍寶劍鎮台可以坐鎮老闆的領袖之氣與號令之威，統御公司上下

專門接差事跑腿的，所以會爲了老闆或是上級主管勞苦，但是卻無法做出明顯具體的績效，因爲跑腿的差事通常都非常瑣碎。最好是位在老闆或是更上級以上主管的左右側，這樣才可以和老闆或上級主管有相輔相成的好事。

至於在部門員工面前，如果沒有獨立辦公室的主管，爲了建立威信和管理方便，辦公桌的位置應該擺設坐在最裡面。部屬分別在桌前方，兩兩相對的和自己的桌面呈垂直造型，一字排開來爲最佳。

★辦公桌上的擺設，可比照「幫助升遷的辦公桌、幫助加薪、創造業績的辦公桌」的方法。

辦公桌上擺設天然水晶製或銅鑄的紙鎮等，可以增強老闆的領導權力與能力，創造事業佳績

員工辦公桌的擺設：

一般員工屬於基層人員，通常不會有獨立辦公室，如果有的話，反而容易受到同僚的排擠。任何職等的員工辦公桌，原則都一樣，不能大於主管的辦公桌，容易造成主管與自己的敵對。同時辦公桌不能沒有依靠，像是不靠牆、不靠桌、沒有靠背，都會讓自己在公司中孤立無援，沒有發展、被提攜的機會。

★辦公桌上的擺設，可比照「幫助升遷的辦公桌、幫助加薪、創造業績的辦公桌」方法。

主管與職員的辦公桌要有層次之分，主下分明合併，工作運轉會更活絡

第九章

佈置有助人際關係和事業外交的外明堂

人際關係看外明堂

我們身處人群中，每天都在群體的社會、世界中競爭、互助、求生存，所以良好的人際關係也是事業經營的無形資產。所謂「在家靠父母，出外靠朋友」，出外打拼多一個朋友，少一個敵人才能逢凶化吉，職場衝刺沒背景就要靠人脈、沒人脈就要盼貴人。

想要拓展事業財運的人，絕對不能忽視人際公關的重要，俗語說的好：「生美不如生緣，帥哥美女最怕沒人緣，沒人緣就招人怨。」

「人緣」兩個字，運用在現代社會，就是「人際公共關係」，好的人事力量，可以幫助你升遷、發財，甚至發達，猶如再造的父母。不好的人事力量，會破壞你的前途、財富，甚至毀害你的人生，猶如命運的煞星。

在風水環境的位置上，業務外交和人際關係的吉凶禍福，主要看「外明堂」。何謂「外明堂」？出了你家大門外的空間就稱爲「外明堂」，爲什麼外明堂看人際公關和業務外交？因爲出了大門，就是人和人接觸的世界，所以大門之外的空間，象徵人際公關、業務、外交等關係。

另一方面，迎向大門的外來力量也包括車禍、意外、災難等事故的潛在危機。像是外明堂，也就是大門如果對到電線竿、高壓電塔等阻擋煞氣，容易有車禍事故；大門對到路沖、弓箭沖、箭頭沖、壁刀、屋角等衝擊煞氣，容易發生撞擊的血光之災等。這些禁忌在購屋時都需要審愼考量，不過，萬一眞的不幸碰上，還是有方法可以化解。關於這方面的風水佈置，我在前面「事業升遷看大門」，已經有詳細的說明。

開運撇步一：佈置會招人緣的外明堂

想要引起人家對自己產生好感，需要營造有桃花的氣場，才會招人緣。所以死氣沉沉的外明堂是風水佈置的禁忌，因爲空氣不流通，氣場閉塞，人際公關、業務外交的力量自然活絡不起來。

我曾經幫一位擔任民意代表的朋友看風水，他因爲土地官司纏訟影響民心人氣，擔心連任失利所以求助風水。一走進他們家的大門口，我就覺得空氣滯悶，原來是外明堂沒有窗戶，空氣不流通，這對於需要人緣捧場的公眾人物來說，可是影響重大。我建議他改變陽台的設計，引導空氣盡量流入外明堂，同時再加上一個流水盆，讓外明堂有循環的氣場，果然隔年在競選連任的時候，再度以高票獲得民意支持。

除此之外，想要建立良好公共關係的人，也可以在外明堂空氣對流舒暢的地方，擺設一個流水盆（風水盆），裡面擺設「流水、小橋、花草植栽」，並且用燈光照射。小橋、流水象徵自己與人事的往來互動頻繁，容易搭起人際關係的無形橋樑。

最後還有一個不用花錢的小撇步，就是走出大門記得要笑口常開，沒有人會拒絕一張笑臉，心情愉快待人和樂，好人緣自然會到來。

小橋、流水象徵自己與人事的往來互動頻繁，容易搭起人際關係的無形橋樑

【開運納財DIY】外明堂佈置流水盆好桃花

對於從事舞台表演工作的歌手、演藝人員，或是需要面對群眾的政治人物、業務公關人士，廣招人緣的風水尤其重要。想要增加人緣桃花的氣場，可以在外明堂上擺設一個流水盆（風水盆），水流往門裡、同時盆內擺放一缸粉晶碎石、栽種有香味的花或是時常噴芳香劑、香水，讓空氣對流舒暢充滿芳香之氣。

【風水如何自救？】

Q1：外明堂要盡量避免死氣沉沉，但是我們家靠近海邊，每次出門時就感覺有一股強風迎面掠過，這樣強烈的氣場對於人際關係會不會有影響？

A：強風流竄會沖散外明堂的氣場，導致人際公關、業務外交容易被人介入破壞或是強取豪奪。最好盡快找出風頭的來源，並且在外明堂外加裝阻擋強風入侵的設置，不過也不要完全阻斷空氣的流通。

外明堂擺流水盆可增加人緣氣場

開運撇步二：
佈置會幫助業務推展的外明堂

人際關係如果不懂得運用在事業經營的拓展，再好的人緣也只能贏得交友滿天下的美名，無法直接幫助財運。想要讓人際關係產生積極的力量，幫助業務、交涉、交易的推展，可以透過風水佈置的巧思，強化人際關係的能量，由無形的財富轉變成具體的成功。

記得一回幫人看房子，電話中聽起來為人豪爽熱情的屋主，是某家上市公司的業務主管，因為賺錢搬新家，選的地段好、房子方位格局的條件也很好。但是沒想到搬家之後，業務量卻明顯下滑，明明是同樣的業務窗口和商品，近六成的客戶往來卻突然產生障礙，不是客戶訂單短少就是轉向其他公司下單，就連新開發的業務客源也不如以往容易推動。

不得其解的我專程走一趟，才知道問題所在。原來他的新家室內空間很寬敞，唯獨外明堂顯得很狹隘，導致壓迫感，空氣流通侷促。人際公關、業務外交的通路，自然也會變得狹窄，難以施展。聽我這麼一說，剛買新房的屋主懊惱不已，因為無法改變格局，只好建議他在外明堂的天花板裝設明亮的燈光，利用光能伸張外明堂的氣勢。

這一招也可以運用在光線昏暗的外明堂，因為空間寬敞和採光明亮都是外明堂有助業務開展的重要條件。外明堂光線昏暗，居住在裡面的人容易在人際互動時被人遺忘，有困難找曾經相識的人幫忙，不但無法獲得幫助，還可能被人誤會攀親沾故，導致人際公關業務的建立和開拓十分吃力。

【開運納財DIY】外明堂佈置「祿」香包迎財運

可以取二塊黃金色的圓形布，一片用紅色筆寫上「祿」字，最好是用毛筆書寫或是刺繡字，因為融入書寫手工時的專注念力，力量更強大。另一片寫自己的「姓名」，兩片文字相對稱朝內或向外皆可，縫合成圓型香包，裡面裝乾燥香水花，然後用吹風機高溫在文字地方烤一烤，放在一缸黃水晶碎石上。

「祿」字代表的是紫微斗數裡面的「祿存星」，主掌金錢財力。紅字是火、黃金色是土，運用火生土的五行相生增強能量。加上象徵圓融和氣的香包造型，擺在外明堂，可以加強人際關係在財運方面的力量。香包如果沒香味時，記得要更新裡面的乾燥花，擺放在外明堂的櫃子上，保持空氣對流舒暢。每天出門時湊上前聞一下香味，帶著芳香的歡喜心出門，迎接好財運。

外明堂佈置「祿」香包

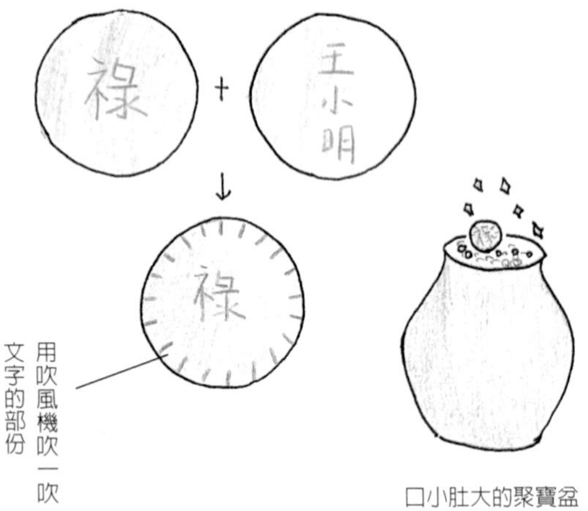

【風水如何自救？】

Q１：我家位在斜坡，大門地面比路面低，不但採光不好，外明堂看起來是下塌的位置，會不會造成人際問題？

A：外明堂的地面下塌對於人際關係是一種損害，導致人際公關、業務外交容易弄巧成拙。最好將外明堂下塌的地方，墊高補水平或是放一塊腳踏墊蓋住，象徵性的填平，才能讓人際關係的經營更平順。

開運撇步三：佈置會招貴人的外明堂

一種米養百種人，大門一開，來自四面八方的氣流都會進入，也代表著各種不同類型的人際關係，會對宅中人產生不同的磁場影響。雖然說在外經營事業，三教九流的人都應該廣結善緣，但是能夠獲得特定的貴人相助，對於事業的開展必定更有助益。相反的，如果是對事業造成阻礙破壞的小人，人際交往時最好是盡量迴避。

所謂的「貴人」就是對自己有協助、照顧、提攜、救援的人，在風水上可以透過巧妙的佈置加強招貴人的能量。

【開運納財DIY】外明堂佈置「魁鉞」香包招貴人

想要佈置招來貴人的外明堂，可以取二塊黃金色的圓形布，一片用紅色筆寫上「魁鉞」兩字，最好用毛筆書寫或是刺繡。另一片寫自己的「姓名」，兩片文字相對稱朝內或外皆可，縫合成圓型香包，裡面裝乾燥香水花，用吹風機高溫在文字地方烤一烤，掛置於外明堂。

「魁」是紫微斗數裡面主掌男性貴人的星宿、「鉞」是紫微斗數裡面主掌女性貴人的星宿，懸掛在外明堂空氣流通的地方，可以在人際關係方面加強貴人照顧、提攜的力量。同樣的，香包沒有香味時，要記得更新裡面的乾燥香水花，每天出門時湊上前聞一下香味，帶著喜樂輕鬆的心情出門。

至於「小人」的定義，就因人、因時、因地而異了。總之，只要是對自己造成有形或是無形傷害的人，都可以稱之爲「小人」。怎麼說呢？有形的小人，表示你知道專門扯你後腿的是何許人也、或是實際發生過被侵略破壞的事情。無形的小人，指的是隱藏的小人，你根本不知道究竟敵人在那裡，或是雖然沒有具體的迫害，但是卻常被流言詆毀，造成名譽或財務的損失。

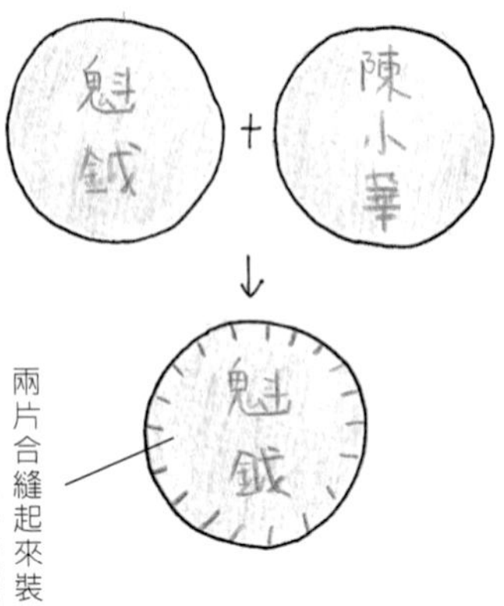

兩片合縫起來裝乾燥花文字，用吹風機高溫烤

如何避免小人作怪？保身之道除了要審慎結交朋友，凡事理智判斷，不要被人情沖昏頭或是被讒言利用。還可以在外明堂的明顯處，擺設仙人掌或是針刺類的植栽，也能發揮防小人的功用。如果你覺得身邊小人充斥，不妨可以擺多一點或是選擇大一點的盆栽。不過千萬不要防範過了頭，家裡擺一大堆仙人掌，結果不但小人不敢接近，就連親朋好友也避而遠之，不敢親近，那可就是矯枉過正了。

【開運納財DIY】外明堂佈置「罡」香包防小人

可以取兩塊黑色的三角型布，一片用白色或銀色筆寫「罡」字，最好用毛筆書寫或是刺繡。另一片寫自己的「姓名」，兩片文字相對稱朝內或外皆可，縫合成三角型香包，裡面裝乾燥香水花，用吹風機高溫在文字的地方烤一烤，選擇放在茶水晶、黑髮晶、黑碧璽、黑瑪瑙、黑膽石或黑曜石其中之一的碎石上。

「罡」代表正氣，可以鎮壓邪氣。茶水晶、黑水晶擁有洗滌心神、收納污穢之氣的能量，能夠護持辟邪。黑色可以達到遮光隱藏的效果，因為鋒芒太露才會招小人，銳利的三角型具有和邪氣對抗的能量。記得沒香味時，要更新裡面的乾燥香水花，擺放在外明堂的櫃子上，保持空氣對流舒暢，每天出門時湊上前聞一下香味，然後帶著謹慎的心出門。

【風水如何自救？】

Q1：外明堂的地方會擺放鞋櫃、小狗也喜歡在那裡休息，雖然很注意清潔問題，還是會有異味，怎麼辦？

A：穢氣瀰漫的外明堂，容易導致人際公關遭受小人迫害，在業務競爭或是人事上，發生被流言攻擊或是揹黑鍋的情況。所以外明堂應該打理清潔乾淨，鞋櫃最好是封閉式的，裡面可以擺除濕劑和芳香劑，寵物盡量不要養在大門，避免排泄物的穢氣破壞氣場。

Q2：我們家是老房子，沒有遮雨棚，每次下雨外明堂就會有雨水飄入，牆面也會出現滲水的現象，對於人際關係的經營，會不會產生不利？

A：水是錢財利益的象徵，雨水入侵或是會滲水的外明堂，代表會因爲人際公關、業務外交導致利益損失。不但無法藉由人際關係增加財運，還可能因爲人事問題破財，所以盡快做好修繕的工作，搭建遮雨棚、同時解決水管滲水問題才是上策。

不要讓雨水沖刷大門及外明堂

前面所提的外明堂佈置，以明亮、乾淨、寬敞、氣流舒暢爲基本原則。不需要過度講究派頭和場面，外明堂空間太大，或是陳設太多，有時候不一定是好事，因爲容易花太多時間活躍在人際外交方面，時間就是金錢，超寬廣的外明堂反而會耽誤本業的經營。

像我認識的一位邱老闆就是一個例子，身爲中小企業的公司負責人，業務關係相當活躍。但是不管再怎麼勤於耕耘人際關係，就是無法擴大公司的經營規模，原因就在於公司的公共設施比例太大。外明堂的空間超寬廣，氣場範圍也相對擴大，這些風水條件，確實是讓邱老闆的業務能力十分活躍。

但是結果呢？人面廣加上行事海派，反而讓邱老闆花費太多不必要的時間和精神，時常陪客戶打牌到天亮，假日還要打小白球，甚至連客戶的私事都要抽空應酬，反而沒辦法把時間有效運用在企業經營的拓展上。

聽完我的分析，當場苦笑的他說：「下一次找公司地點時，肯定會記得尋找大小適中的外明堂。」不過當務之急，還是應該儘快在寬敞的外明堂，用植栽或是不礙眼的屏障物，分隔外明堂，減少大門氣場流動的面積和空間。

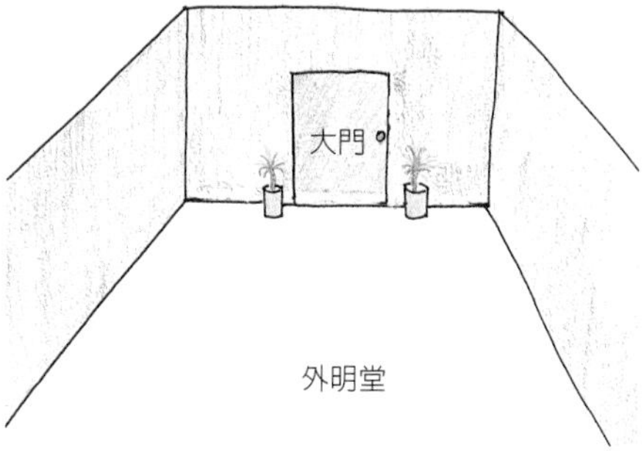

超大的外明堂反而會耽誤本業的經營

第十章

佈置有益健康的居家環境

健康看廚房、廁所

如果將人一生中追求經營的親情、愛情、友情、工作事業、人事關係等，比喻爲十位、仟位、萬位累進數字的0，那麼健康就是十、佰、仟、萬位數0最前面的1，因爲如果沒有健康的1，後面就算再多個0，苦心累積仟、萬位的累進數，結果還是等於「0」。

所以說，健康是人生財富的棟樑，有了精神和健康，才能發揮心神智慧，運用體力、智力創造財富。很多人在年輕的時候努力打拼事業，犧牲睡眠、健康來賺取金錢，結果到了中老年的時候，雖然累積了財富，卻也失去了健康，最後再用財富來養病，這樣的人生算盤實在是失策！

怎麼樣才能擁有健康的身心？對於居家生活環境的用心，是打造財富人生的基礎，環境整理好了，就能減少細菌蟲害，生活在裡面身心自然感受舒暢。同時在風水活化的過程中，對於家庭打理付出的感情和愛心，也會讓你增加奮鬥事業的動力。還有一點附加價值，就是勞動清潔可以活絡舒鬆筋骨，想要不健康都難呢！

健康看廚房、廁所

健康撇步一：

佈置有益健康的廚房

爲什麼健康看廚房？因爲廚房是炊煮食物的地方，當瓦斯爐火燃燒時，會將廚房及周圍的氣場，吸納轉移進去受溫的食物裡，吃進人體後經吸收、消化、代謝，自然會影響到人的健康症狀。

沒有經常整理使用的廚房，對外空氣流通不良，造成濕氣、嗆味、臭氣、穢氣、霉氣重，甚至污垢沾黏。這些穢氣聚集在廚房裡，炊煮飯菜時，會對家人引起健康的致命傷害。像是漏水的廚房，潮濕容易滋生細菌蟑螂，對於腸胃會造成影響；調味料到處沾漏外滴，本來是烹煮調理時增加香氣的材料，反而產生穢氣沾污，身體方面也容易引起鼻竇炎、皮膚病、膿瘡、白帶等隱藏性的疾病；廚房地面或是瓦斯爐台下方凹陷，氣場流通困阻，長期下來會產生疝氣、胃下垂、子宮下垂、子宮外孕、骨質疏鬆等症狀。

所以，不管廚房有沒有經常使用，都要保持對戶外的通風乾燥，尤其是瓦斯爐和油米醬醋在使用後，一定要洗刷打理清潔乾淨。如果有漏水、滲水或是地面下陷等問題，千萬不要忽視，要盡快改善解決。

廚房中的氣場既然如此重要，除了環境應該保持整齊，避免產生穢氣之外，也禁忌在廚房發洩脾氣。因爲情緒也是一種氣場，會隨著爐火一起燃燒，將情緒的念力和氣場，轉移到正在受熱、吸熱的食物之中，吃進肚子裡吸收、消化、代謝，自然會產生不利於健康的影響。所以負責烹煮全家人飲食的「煮婦」或「煮夫」，千萬記得進廚房炊煮飯菜時，不要表現出暴躁怒罵的情緒，這樣家庭氣氛不佳容易失和而破財，而且家人在心臟、高血壓、血液循環系統、小腸方面，容易出現不適或疾病。

【開運納財DIY】廚房的健康佈置

可以在廚房擺設除濕芳香劑、薰香精油，或是不怕濕氣無須陽光照射的水耕植栽，以及具有能量的水晶碎石等，能淨化吸納廚房中的穢氣。

【風水如何自救？】

Q1：生病的人能不能下廚，會不會把虛弱的氣帶給家人？

A：千萬不要讓病人炊煮飯菜，因爲病人身上有病體的能量氣場，加上做飯菜時體熱會升高，讓病氣激發到廚房裡，透由爐火轉移到食物中進食到肚內，不但家人容易犯相同的疾病，就連積存的錢財也會像生病一樣的漸漸萎縮。

在廚房擺設薰香精油，能淨化吸納廚房中的穢氣

健康撇步二：
佈置有益健康的廁所

爲什麼健康看廁所？因爲廁所浴室是全家人排泄、洗澡的地方，也就是排除身上穢氣毒素的場所。如果廁所的排泄物、穢氣、毒素沒有清理好，空氣流通不良，濕氣、嗆味、臭氣、穢氣、霉氣重，污垢沾黏，聚集在廁所浴室裡。就如同家人身體的排泄物、穢氣、毒素等清理得不乾淨徹底，導致穢氣最後回流到室內各處，不但破壞風水的氣場，吸入人體內，更會讓健康出現毛病。

【開運納財DIY】廁所的健康佈置

廁所浴室一定要保持對戶外的通風，使用後，要洗刷打理清潔乾淨。並且在廁所浴室中擺設除濕芳香劑，薰精油，或是不怕濕氣無須陽光照射的水耕植栽、水晶碎石等，都可以達到淨化吸納廁所浴室穢氣的效果。

在廁所浴室中擺設除濕芳香劑，可以達到淨化吸納廁所浴室穢氣的效果

廁所和廚房的方位影響宅中人健康

前面提到的廚房，在風水上對人體的健康，是屬於「吃入」的影響，廁所則是屬於「排出」的影響，不管是吃入、排出，都是左右我們身體健康的兩大因素。因此風水佈置時，廁所和廚房的位置，也會關係著到這個方位所相對的人物健康。

◎廁所浴室、廚房位於宅中的西北位（乾卦），影響宅中爸爸的健康。
◎位於宅中的西南位（坤卦），影響居於宅中媽媽的健康。
◎位於宅中的東位（震卦），影響居於宅中長子的健康。
◎位於宅中的東南位（巽卦），影響居於宅中長女的健康。
◎位於宅中的北位（坎卦），影響居於宅中二子的健康。
◎位於宅中的南位（離卦），影響居於宅中二女的健康。
◎位於宅中的東北位（艮卦），影響居於宅中三子的健康。
◎位於宅中的西位（兌卦），影響居於宅中三女的健康。
◎位於宅中的正中間（中宮），影響居於宅中所有人的健康。
※以上人物，非居於本宅者不忌。

比方說，廚房或是廁所浴室髒亂污穢，剛好又位在本宅的西北位，表示居於宅中的父親，健康會受到風水所影響出現疾病不適，不過如果將廚房打理乾淨，風水影響的健康就不會出現大問題。萬一廚房位在本宅的西北位，瓦斯爐受樑壓或是緊貼柱，不但家人容易罹患筋骨關節的疾病，居於宅中的父親更是首當其衝，筋骨關節方面的疾病會比較嚴重。

看到這裡，可能很多人會開始擔心自己家人的健康問題，其實廚房的擺設和風水環境的格局，像是瓦斯爐、樑柱等位置，只是對照健康的症狀。

最主要還是廁所浴室和廚房的乾淨度，因爲這個會關係到健康問題的嚴重性。最後提到廁所浴室和廚房的坐落位置，雖然是看影響的人物，但是只要把廁所浴室和廚房打理清潔乾淨，通風、除濕、除穢、除霉、除臭，對應人物的健康影響就可以降到最低。

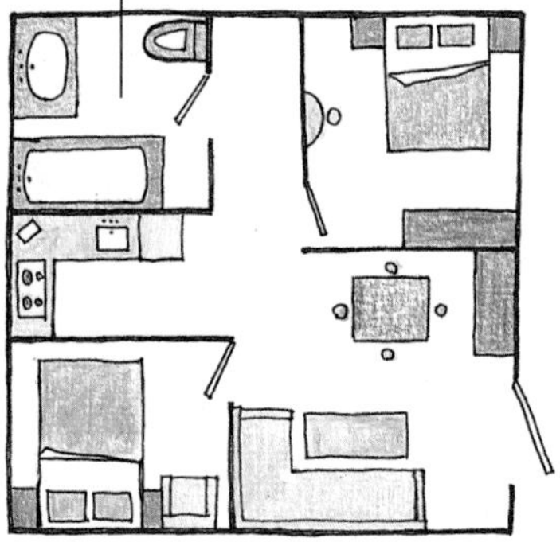

浴廁在坤卦影響母親的健康

浴廁與廚房所在方位不可不慎

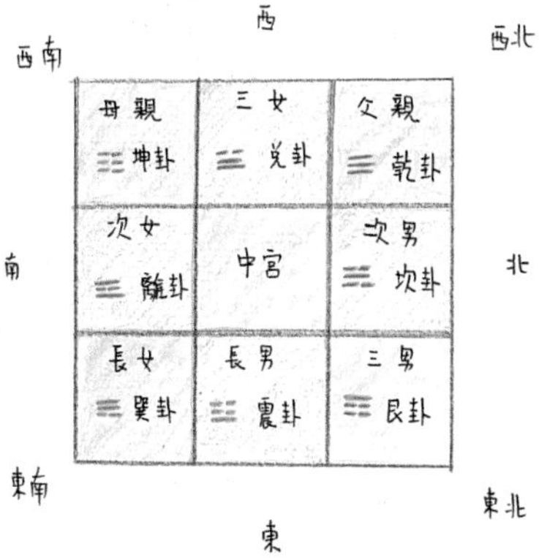

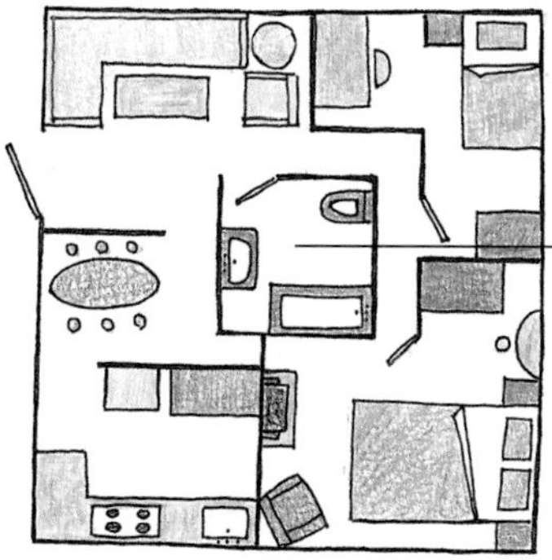

浴廁在中宮影響全家健康

【風水如何自救？】

Q1：我們家三代同堂，人口眾多，不曉得要如何避開廚房和廁所的方位？

A：人口雖然多，但是還是要看成員的身份對照，說不定家裡剛好沒有三子、或是三女，這樣東北位（艮卦）、西位（兌卦）就是不錯的位置。不過前面有說明，只要維持整潔通風，廁所和廚房方位對家人健康的影響，是可以降到最低的，萬一整體空間設計的動線不符合理想，也不需要勉強改變廁所和廚房的位置。

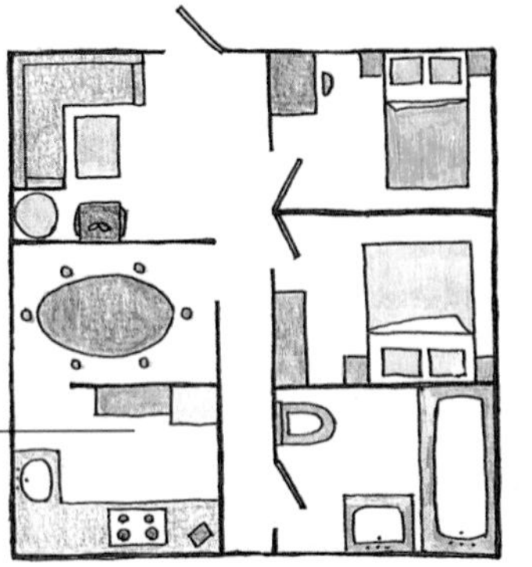

廚房在巽卦影響長女健康

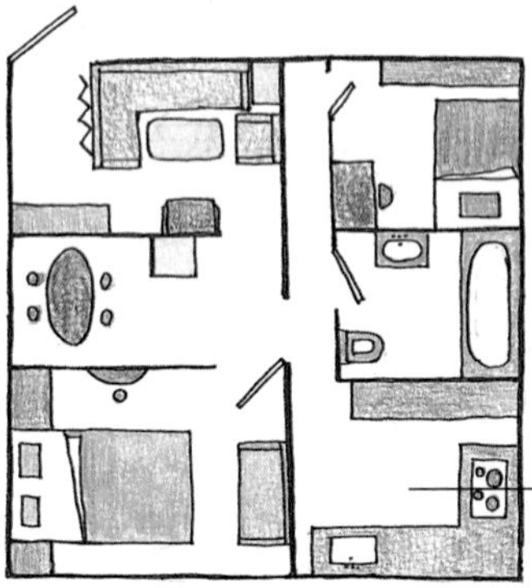

廚房在艮卦影響三男健康

健康撇步三：
佈置有益健康的居家空間

除了廁所和廚房，我們每天活動的居家空間也和健康息息相關，從風水的佈置來看，人的器官和四肢，如同住家環境的空間格局，對於磁場、氣場的循環吸納，也有一定的對應關係。很多朋友時常跟我抱怨，身體那裡出問題、不舒服，結果我隨口詢問家裡某處的陳設和格局，是否出現異狀，只要予以改善，健康狀況自然也會出現轉機。

如此神算讓人以爲我是華陀再世，其實說明白，一點都沒有神妙之處。只要懂得住家空間格局和健康的關係，你也可以成爲診斷健康問題的風水高手，下面提供幾點檢視方法，讓你在佈置打理居家環境時更有心得。

1外明堂：外明堂是大門以外的空間，象徵外出，代表車禍、意外、災難與事故發生的力量。

禁忌：

❶外明堂對到（等於大門對到）電線竿、高壓電塔等阻擋類的煞氣，宅中人行車容易撞上障礙物。

❷外明堂對到路沖、弓箭沖、箭頭沖、壁刀、屋角等衝擊類之煞氣，出門容易被車或其他物體衝撞。

❸長期有強風吹刮的外明堂，宅中人出門容易遭受飛來橫禍的無妄之災。

❹外明堂黯淡無光，出門容易有跌傷的災禍。

❺外明堂穢氣重，例如臭鞋滿地、髒亂、卡蜘蛛網，出門容易與人發生爭端打架傷害的災禍。

2樓梯：樓梯是手腳筋骨勞動的地方，就如同身體的手腳四肢。

禁忌：

❶樓梯有損壞，宅中人手腳容易受傷。

❷樓梯傾斜，容易有五十肩、酸痛症狀。

3大門：大門是本宅的第一道進出口，就像是身體的嘴巴、鼻子、眼睛。

禁忌：

❶大門損壞，宅中人容易有嘴巴、鼻子、眼睛的傷痛。

❷大門髒亂、穢氣瀰漫、卡蜘蛛網，容易有口臭、口角炎、鼻竇炎、眼睛細菌感染。

❸大門的後扭絞鍊使用不良，容易有蛀牙或牙齒發炎的問題。

❹大門的鎖使用不良，容易有嘴唇、鼻子、眼睛發炎的問題。

大門如嘴巴、鼻、眼地帶

4內明堂：內明堂在大門之內，就像是人體嘴巴內的口腔。

禁忌：

❶內明堂格局不順暢，宅中人容易咬到舌頭。

❷內明堂髒亂、穢氣瀰漫、卡蜘蛛網，容易有口臭、口腔發炎的問題。

❸內明堂昏暗，容易發生口苦、口乾的問題。

5中門：中門是進入本宅的第二道門，通常是客廳的落地門窗，就像人體嘴巴內的食道、聲帶、咽喉等。

禁忌：

❶中門損壞，宅中人容易有食道、聲帶、咽喉受傷的症狀。

❷中門堂髒亂、穢氣瀰漫、卡蜘蛛網，容易有食道、聲帶、咽喉發炎的問題。

❸中門遭受外力損害破損，容易哽到刺。

6客廳：客廳是一個家的心臟地帶，也是家人團聚和諧的中心，就像是身體的心臟、肺部、胸腔地帶。

禁忌：

❶客廳髒亂、穢氣瀰漫、卡蜘蛛網，宅中人容易有肺炎、氣管炎的症狀。

❷客廳桌椅陳設損壞不堪使用，容易有心臟機能的症狀問題。

❸客廳黯淡無光，容易有肺氣、心氣虛弱的症狀。

客廳是胸部、心臟、肺臟地帶

7神位：神位是精神寄託的所在地，就像是充滿腦細胞、腦神經，主掌心靈精神的頭部地帶。

禁忌：

❶神位髒亂、穢氣瀰漫、卡蜘蛛網，宅中人容易有思想、精神病症的症狀。

❷神位陳設已經損壞老舊，容易有躁鬱、暴力的症狀問題。

❸神位黯淡無光，容易有頭痛的症狀。

8廁所浴室：廁所浴室是排泄洗澡的地方，就像是體內腎臟、膀胱、泌尿排泄系統、生殖器官、內分泌，主掌新陳代謝和兩性關係。

禁忌：

❶廁所浴室髒亂、濕氣穢氣臭氣瀰漫、卡蜘蛛網污垢，宅中人容易有排毒、內分泌、新陳代謝不良，泌尿、排泄、性器官症狀、性病的症狀。

❷廁所浴室陳設損壞老舊不堪使用，容易有不孕、子宮外孕、流產、難產，性器官受傷害或開刀的症狀問題。

❸廁所浴室黯淡無光，容易有性無能、冷感，月事不調的症狀。

9 廚房：廚房是消化糧食的炊煮處所，就像身體的胃腸消化系統。

禁忌：

❶廚房髒亂、濕氣穢氣臭氣瀰漫、卡蜘蛛網污垢，宅中人容易有腸胃潰瘍、溼熱寒、發炎、嘔吐腹瀉等病痛之事。

❷廚房陳設損壞不堪使用，容易有飲食不當而胃腸不適、中毒等症狀的問題。

❸廚房浴室黯淡無光，容易有食慾不振、厭食症、營養不調之事。

10 窗戶：窗戶是本宅對外非正式，不可行走的通路，就像是身體的耳朵。

禁忌：

❶窗戶髒亂、穢氣瀰漫、卡蜘蛛網，宅中人容易有耳朵發炎的症狀。

❷窗戶陳設損壞老舊不堪使用，容易有耳朵受傷的問題。

❸窗戶陰暗採光不佳，通風不良，出現青苔濕氣，容易有聽覺症狀的症狀。

11 外牆：皮膚是人的外層保護組織，就像是房屋的外牆。

禁忌：

❶外牆髒亂、穢氣瀰漫、卡蜘蛛網，宅中人容易有皮膚發炎的症狀。

❷外牆表面損壞老舊不堪使用，容易有皮膚外傷的問題。

❸外牆陰暗無法被陽光照射到，通風不良，出現青苔濕氣，容易有濕疹症狀的症狀。

12 餐廳：餐聽是吃飯的地方，象徵飲食對人的健康影響，像是膽固醇、血脂肪、肥胖之類的問題。

禁忌：

❶餐廳髒亂、穢氣瀰漫、卡蜘蛛網，宅中人的血液或體內容易囤積有害健康的物質。

❷餐廳陳設損壞老舊不堪使用，容易因爲膽固醇、血脂肪、肥胖的問題破壞健康。

❸餐廳黯淡無光，容易因爲飲食缺乏節制，造成身體健康的負擔。

餐廳是飲食的健康地帶

13 地板：地板是踩踏的地方，隨著腳步帶來塵土、髒東西，需要天天掃地整理，就像是體內主掌解毒的肝臟。

禁忌：

❶地板髒亂、穢氣瀰漫、卡蜘蛛網，宅中人容易罹患肝炎。

❷地板表面損壞老舊不堪使用，容易因爲過度勞累傷肝。

❸地板潮濕，容易受到肝炎病菌的傳染。

14 書房：書房是念書和工作的場所，關係到學業工作事業的壓力。

禁忌：

❶書房髒亂、穢氣瀰漫、卡蜘蛛網，宅中人容易因爲學業、工作的壓力產生精神方面的疾病。

【蔡老師的叮嚀】

以上居家格局所落的方位，會顯現出所代表人物的健康問題。比方說，陽台髒亂、穢氣瀰漫、卡蜘蛛網，宅中人容易心情沉重煩悶、罹患憂鬱症。陽台如落於東南位，表示長女比較容易產生上述症狀。

❷書房陳設損壞老舊不堪使用，容易因學業、工作過勞成疾。

❸書房黯淡無光，容易出現學業、工作的厭倦症狀。

15臥房：臥房是睡覺、作夢、休息、性生活的獨立生活空間，關係到個人精神、體力和性功能。

禁忌：

❶臥房髒亂、穢氣瀰漫、卡蜘蛛網，個人容易罹患精神症狀、憂鬱躁鬱症、性病。

❷臥房陳設損壞老舊不堪使用，容易因勞成疾或是影響性慾。

❸臥房黯淡無光，容易產生妄想症或是性方面的慾求過度壓抑。

臥房是個人生息空間及性生活之地帶

16陽台：陽台是對外的視野，也是住宅造景最佳的地方，可以休閒、透氣，情緒不好的時候，可以到陽台讓心情轉換整理。

禁忌：

❶陽台髒亂、穢氣瀰漫、卡蜘蛛網，宅中人容易心情沉重煩悶、罹患憂鬱症。

❷陽台陳設損壞老舊不堪使用，心靈精神容易受到創傷。

❸陽台黯淡無光，容易造成多愁善感的個性。

17走道：走道是室內的通路，就像是身體內的血管。

禁忌：

❶走道髒亂、穢氣瀰漫、卡蜘蛛網，宅中人的血管容易阻塞不通。

❷走道陳設損壞老舊不堪使用，血液容易產生傷害身體的物質。

❸走道黯淡無光，血液容易混濁引起病變。

走道就像人身上的血管

想不到居家格局的每一個環節，都和我們的健康有如此密切的關係吧！

想要破解風水環境對於健康的損害，首要原則就是靠打理、清潔、乾淨、除穢、除濕、修繕、通風、光能來解決。打理廁所浴室、廚房是防止健康症狀產生問題，但是不要只注意這兩個地點，而忽略了其他影響健康的小地方。至於不在風水環境所影響的健康因素，像是飲食生活起居習慣、工作情緒運動調節，當然也是不能忽略哦！

蔡上機陰陽宅風水

風水是一種生活的藝術，更讓人與這片土地產生和諧的互動，
掌握流年即掌握助力；風水對了，它可以化阻力為助力，讓您事事順心如意，無往不利。
每個人每年的風水會因流年的不同而有所變化，
自古以來，皇帝旁邊的欽天監，就是風水顧問，負責仰觀天象，
俯作地法，按四時節氣、流年方位，給皇帝獻計策、劃謀略。
就是所謂：運籌帷幄，決勝千里。

自古得龍穴者出天子，
得吉穴者出將相；
富甲一方、延年益壽；
影響者：一家一族之興衰，
故世人千山萬水尋龍穴，
踏破鐵鞋無覓處，
爲的就是讓後代子孫有一個
更美好幸福的未來；
或爲自己催旺運勢，以求功成名就、
財源廣進、家庭美滿、消災解厄。

蔡上機陰陽宅風水學主張：

陽宅堪輿須取天、地、人「三才」之機，用易經堪輿納氣蘊靈之理，
地理佈局擺陣之術，導引天文地理所運行的祥瑞吉靈之氣，
也就是所謂的科學上的地理磁場來幫助您：納氣迎祥聚福、
消災解厄制化、趨吉避凶、催地理、造生基、開運鴻圖；
如此當然開拓您的一片好運，無論在事業、
財運、權位、婚姻、健康和福報上，都會有推波助瀾的助力，
更且全家平安、諸事順遂、吉祥如意。

性格≒命運
格局≒結局

The Eurasian Publishing Group
圓神出版事業機構
用心與你對話・視野無限寬廣
如何出版社
Solutions Publishing

http://www.booklife.com.tw　inquiries@mail.eurasian.com.tw

Happy Family 010

好風水招大財

——蔡上機開運納財風水DIY

作　　者／蔡上機
文字整理／陳彩蘋
發 行 人／簡志忠
出 版 者／如何出版社有限公司
地　　址／台北市南京東路四段50號11樓之1
電　　話／（02）2579-6600（代表號）
傳　　真／（02）2579-0338・2577-3220
郵撥帳號／19423086 如何出版社有限公司
副總編輯／陳秋月
主　　編／曾慧雪
企劃編輯／賴真真
美術編輯／金益健
印務統籌／林永潔
監　　印／高榮祥
校　　對／蔡上機・陳彩蘋・曾慧雪
圓神出版事業機構法律顧問／蕭雄淋律師
印　　刷／龍岡彩色印刷
2003年 9月　初版
2004 年 10 月　18刷

定價 250 元　ISBN 957-607-953-5

國家圖書館出版品預行編目資料

好風水招大財 :蔡上機開運納財風水DIY
/ 蔡上機著；　-- 初版. -- 臺北市：如何，2003
〔民92〕
面；　公分. --（Happy Family ；10）
ISBN 957-607-953-5（平裝）
1.相宅
294.1　　　　92012895

廣　告　回　函
北區郵政管理局登記 證北臺字1713號
免　貼　郵　票

圓神出版事業機構

如何出版社　收

105 台北市南京東路四段50號6樓之一
Tel：02-25796600　Fax：02-25790338

對折黏貼後，即可直接郵寄

圓神書活網
www.booklife.com.tw

www.booklife.com.tw

活閱心靈・寬廣視野・深耕知識

NO BOOK, NO LIFE